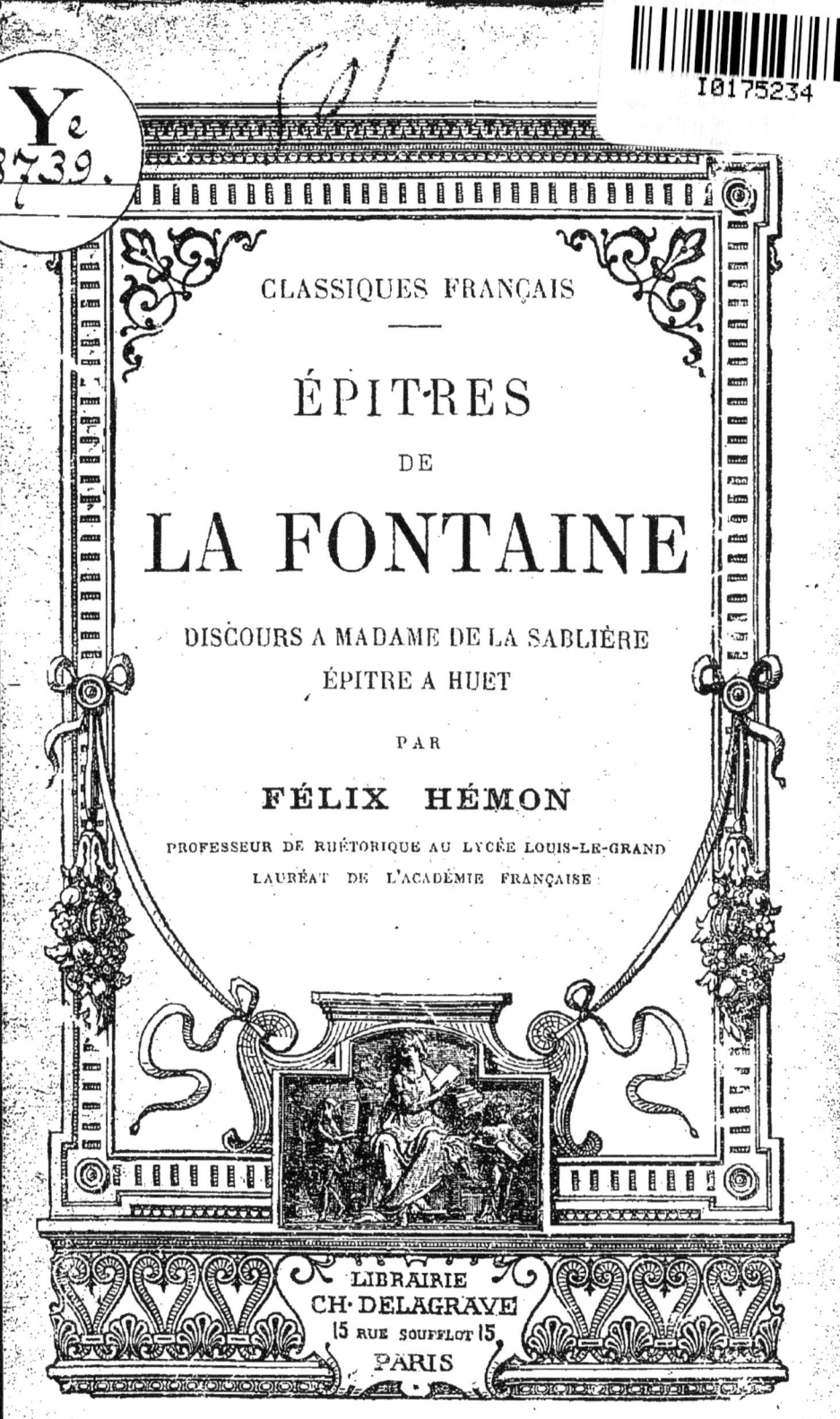

CLASSIQUES FRANÇAIS

ÉPITRES
DE
LA FONTAINE

DISCOURS A MADAME DE LA SABLIÈRE
ÉPITRE A HUET

PAR

FÉLIX HÉMON

PROFESSEUR DE RHÉTORIQUE AU LYCÉE LOUIS-LE-GRAND
LAURÉAT DE L'ACADÉMIE FRANÇAISE

LIBRAIRIE
CH. DELAGRAVE
15 RUE SOUFFLOT 15
PARIS

ÉPITRES
DE
LA FONTAINE

COULOMMIERS
Imprimerie PAUL BRODARD.

ÉPITRES
DE
LA FONTAINE

DISCOURS A MADAME DE LA SABLIÈRE

ÉPITRE A HUET

PAR

FÉLIX HÉMON

PROFESSEUR DE RHÉTORIQUE AU LYCÉE LOUIS-LE-GRAND
LAURÉAT DE L'ACADÉMIE FRANÇAISE

PARIS
LIBRAIRIE CH. DELAGRAVE
15, RUE SOUFFLOT, 15

1894

ÉPITRES
DE
LA FONTAINE

AVERTISSEMENT

On a inscrit au programme de divers examens le *Discours à M*^{me} *de la Sablière* et l'*Épître à Huet*, à côté des *Fables*. Ces morceaux ne figuraient pas jusqu'à présent dans les éditions classiques : d'où l'utilité de l'édition présente, amorce d'une édition plus étendue des *OEuvres diverses* de La Fontaine. Il est temps d'apprendre au public scolaire que La Fontaine n'est pas seulement un fabuliste, et qu'en particulier dans l'Épître il est le rival heureux de Boileau.

LA FONTAINE

(1621-1695)

I

Biographie.

Jean de La Fontaine, né à Château-Thierry, le 8 juillet 1621, de Charles de La Fontaine, maître des eaux et forêts, et de Françoise Pidoux, est mort à Paris le 13 avril 1695.

La vie de La Fontaine, considérée au point de vue des fables seules, se divise naturellement en quatre périodes.

1° Jeunesse de La Fontaine (1621-1654) jusqu'à son début dans les lettres. On sait que La Fontaine, après une éducation qui semble avoir été négligée, se trompa d'abord sur sa vocation, passa successivement par l'Oratoire et par le séminaire de Saint-Magloire, d'où il sortit en 1641 pour rentrer dans le monde, prendre la charge de son père et épouser Marie Héricart. On sait aussi, ou, du moins, on croit que la lecture d'une ode de Malherbe sur un attentat dirigé contre Henri IV (Que direz-vous, races futures...?) lui révéla pour ainsi dire la poésie; qu'à partir de ce moment il lut avec rage les anciens, les vieux auteurs français, les Italiens, et se voua tout entier à la littérature, avec un abandon d'autant plus facile que son frère, en embrassant l'état ecclésiastique, lui avait laissé la libre disposition d'une petite fortune.

2° Débuts littéraires (1654-1668) depuis la traduction de *l'Eunuque* de Térence jusqu'à la première édition des *Fables*. Il est protégé d'abord par Fouquet (*Adonis, le Songe de Vaux*), dont il reconnaît les bienfaits par une fidélité inébranlable dans l'épreuve (*Élégie aux nymphes de Vaux*, 1661), puis il a pour protectrices les duchesses de Bouillon et d'Orléans [1]. Il se lie d'amitié avec Boileau, Racine et Molière (réunions de la rue du Vieux-Colombier). Il publie la première, puis la seconde partie des *Contes et Nouvelles en vers* (1665 et 1667). Jusqu'alors il n'est guère qu'un poète gaulois de plus de verve que de mesure.

3° La période de la forte maturité (1668-1679) s'ouvre pour La Fontaine avec le premier recueil des *Fables choisies mises en vers* (1668; nouvelles éditions en 1669 et 1671), et se ferme au second recueil de fables, dont la troisième et la quatrième parties paraissent en 1678 et 1679. Elle est marquée aussi par de nouveaux recueils des *Contes* (1671 et 1675), par les *Amours de Psyché* et quelques poèmes moins importants. La Fontaine trouve alors en Mme de La Sablière une protectrice intelligente et dévouée.

4° La dernière période (1679-1695) ne saurait sans injustice être appelée la période de décadence, malgré le mauvais poème du *Quinquina* et plus d'une œuvre dramatique médiocre, car, dix ans avant sa mort, La Fontaine était encore capable d'écrire *Philémon et Baucis*. Deux événements principaux marquent cette période : l'élection de La Fontaine à l'Académie (1683) et la Querelle des anciens et des modernes, occasion de l'*Épitre à Huet* (1687). Mais à la salutaire influence de Mme de la Sablière, devenue dévote, se substitue l'influence trop épicurienne des Vendôme et de la société du Temple. La Fontaine s'y abandonne d'abord, publie de nouveaux *Contes*, s'amende pourtant à moitié dans la société de ses derniers protecteurs, M. et Mme d'Hervart, se convertit tout à fait à partir d'une grave maladie (1691), fait une amende honorable publique de ses erreurs passées, écrit une paraphrase du *Dies iræ* et se prépare à la mort.

II

**Coup d'œil sur l'œuvre générale de La Fontaine.
La Fontaine auteur dramatique.**

Toutes les œuvres de La Fontaine n'ont pas l'importance, ni surtout la popularité de ses *Fables*. Elles nous aident pourtant

---

1. Il s'agit de la duchesse douairière d'Orléans, et non de Madame, comme le croit Sainte-Beuve.

à mieux pénétrer le caractère de l'homme et le génie du poète. Toutefois on peut faire bon marché de ses essais dramatiques. Il est curieux de remarquer que La Fontaine a débuté par une traduction libre de Térence, et que, vers la fin de sa vie, il est revenu au théâtre, pour lequel il semble si mal fait. D'ailleurs au théâtre La Fontaine se bornait le plus souvent à imiter les contemporains. Ne parlons point de son *Achille*, pâle essai de tragédie, dont il écrivit seulement deux actes, publiés longtemps après sa mort : Achille, amoureux de Briséis, y fait vis-à-vis à Patrocle, épris d'une certaine Lydie. N'insistons pas davantage sur les deux opéras dont il peut revendiquer le médiocre honneur. *Daphné*, que Lulli devait animer de sa musique, ne fut jamais représenté. On aime pourtant à croire que La Fontaine connaissait déjà Boileau lorsqu'il mettait ce couplet dans la bouche d'un poète satirique :

> Comment faire
> Pour se taire ?
> Le monde est plein de sots de l'un à l'autre bout,
> Le passé, le présent et l'avenir surtout.
> Comment faire
> Pour se taire ?

Astrée (musique de Colasse), souvenir du roman de d'Urfé, nous mène sur les bords du Lignon, où des druides célèbrent la fête du gui l'an neuf. On y distingue à peine quelques jolis vers de nature, réminiscences eux aussi :

> L'ombre croît en tombant de nos prochains coteaux.

Restent cinq comédies, dont la première de beaucoup en date est *Clymène* (1674), pièce en un acte, froide, malgré de jolis traits :

> Ce qu'on n'a point au cœur, l'a-t-on dans ses écrits ?

N'est-ce pas justement pour ce motif que le poète, n'étant point ému, n'a pas été fort émouvant ? C'est là qu'est le vers fameux :

> Il me faut du nouveau, n'en fût-il plus au monde !

Mais qu'y a-t-il de nouveau dans *Clymène* ? Peut-être l'accent personnel qui se trahit malgré tout, comme dans cette épigramme aiguisée contre les imitateurs serviles par le poète qui s'était déjà montré, dans un premier recueil de fables, imitateur original :

> Hors ce qu'on fait passer d'une langue en une autre,
> C'est un bétail servile et sot, à mon avis,
> Que les imitateurs : on dirait des brebis
> Qui n'osent s'avancer qu'en suivant la première
> Et s'iraient sur ses pas jeter dans la rivière.

Les quatre autres comédies ont été écrites, dans la dernière période de la vie de La Fontaine, en collaboration avec l'acteur-auteur Champmeslé. Ce sont : *Ragotin ou le Roman comique*, souvenir du *Roman comique* de Scarron, épisode de la vie errante des comédiens à travers la province ; *le Florentin*, qui met en scène un tuteur farouche, dupé par des jeunes gens, farce assez vive, dans le goût de la première manière de Molière ; *la Coupe enchantée*, sorte de fabliau du moyen âge, étendu en comédie, non sans agrément ; *Je vous prends sans vert*, bluette insignifiante. De nos jours, *la Coupe enchantée* a été reprise au théâtre. Mais, il faut l'avouer, c'est le nom de La Fontaine qui protège près de la postérité ces essais dramatiques. La seule comédie durable qu'ait écrite La Fontaine, c'est celle des *Fables*.

III

La Fontaine satirique.

Du moins, une de ces pièces, *Daphné*, nous a valu quelques-uns des vers les plus piquants du poète. Là même où il est satirique, il l'est sans cruauté d'ordinaire. Si l'on met à part quelques pièces épigrammatiques, comme la *Ballade sur Escobar* :

> Escobar sait un chemin de velours,

on ne trouve guère qu'une satire bien franche dans l'œuvre entière de La Fontaine ; c'est *le Florentin* (1680), qu'il ne faut pas confondre avec la comédie qui porte le même titre. Le Florentin dont il s'agit ici, c'est Lulli, qui, après avoir demandé à La Fontaine un livret d'opéra, l'avait refusé quand le poème fut écrit. Pour le coup, le bonhomme éclata :

> Le Florentin
> Montre à la fin
> Ce qu'il sait faire :

> Il ressemble à ces loups qu'on nourrit, et fait bien,
> Car un loup doit toujours garder son caractère,
> Comme un mouton garde le sien.

Malgré lui, le fabuliste reparaît, et le bonhomme aussi, qui se plaint avec un sourire :

> Le matin s'en vint réveiller
> *Un enfant des neuf Sœurs, enfant à barbe grise,*
> *Qui ne devait en nulle guise*
> *Être dupe : il le fut et le sera toujours.*
> *Je me sens né pour être en butte aux méchants tours.*
> Vienne encore un trompeur, je ne tarderai guère.
> Celui-ci me dit : Veux-tu faire,
> Presto, presto, quelque opéra,
> Mais bon ? Ta Muse répondra
> Du succès par-devant notaire.
> Voici comment il nous faudra
> Partager le gain de l'affaire :
> Nous en ferons deux lots : l'argent et les chansons ;
> L'argent pour moi, pour toi les sons.

L'honneur de travailler pour Lulli lui tiendra lieu de toute autre récompense. On croit voir, on voit en face l'un de l'autre le rêveur à barbe grise et le souple Florentin. Au moins s'il pouvait compter sur la « veine » de ses amis, d'un Racine, d'un Boileau, qui s'offraient à l'assister dans cette difficile entreprise !

> Des amis ! disait le glouton,
> En a-t-on ?

Voilà comme Lulli, dont le collaborateur ordinaire était Quinault, « enquinauda » La Fontaine. Voici comment La Fontaine s'en venge :

> Chacun voudrait qu'il fût dans le sein d'Abraham ;
> Son architecte, et son libraire,
> Et son voisin, et son compère,
> Et son beau-père,
> Sa femme, et ses enfants, et tout le genre humain,
> Petits et grands, dans leurs prières,
> Disent, le soir et le matin :
> Seigneur, par vos bontés pour nous si singulières,
> Délivrez-nous du Florentin !

Cet accès, à peu près unique, de méchanceté parut étrange à ceux qui connaissaient le bonhomme. La sœur de Mme de Montespan, de celle à qui il avait dédié son second recueil, Mme de Thiange, lui en fit un doux reproche.

> Vous trouvez que ma satire
> Eût pu ne se point écrire,
> Et que tout ressentiment,
> Quel que soit son fondement,
> La plupart du temps peut nuire,
> Et ne sert que rarement.
> J'eusse ainsi raisonné si le ciel m'eût fait ange,
> Ou Thiange.
> Mais il m'a fait auteur : je m'excuse par là.

Il se calomnie : jamais il ne fut « auteur »; mais quoi! il a eu, il a encore, et le dit, l'ambition de « travailler pour le roi » : il offre de corriger *Daphné*, il a recours à l'intercession de Mme de Thiange. A ses yeux, le suffrage de Paris est peu sans le suffrage de Saint-Germain, c'est-à-dire de la cour. La satire est déjà bien loin. Une réconciliation fut ménagée entre La Fontaine et Lulli, mais *Daphné* resta dans l'ombre. Le poète de la nature (ici bien arrangée) n'était pas à la mode de la cour :

> J'introduisais d'abord des bergers, et le roi
> Ne se plaît à donner qu'aux héros de l'emploi.

Ainsi, une fois il fut méchant, et il n'y revint pas.

IV

Les poèmes antiques.

Dans les poèmes où le sentiment de l'antiquité peut s'unir à la finesse moderne, La Fontaine devait réussir plus pleinement. Toutefois il faut ici distinguer entre le faux et le vrai La Fontaine. Le vrai La Fontaine, celui des fables, est antique et moderne à la fois, sans contradiction et sans effort. Le faux La Fontaine n'est guère qu'un Benserade supérieur, soumis aux influences très diverses qui dominaient alors la ville et la cour. *Adonis* se ressent de l'inexpérience du poète. Il y a un art plus consommé dans les *Filles de Minée*, sujet tiré d'une inscription, et l'on y trouve de jolis traits, plus ou moins originaux, comme dans ce récit de la mort de Thisbé :

> Elle tombe et, tombant, range ses vêtements,
> Dernier trait de pudeur à ses derniers moments.

Mais ces récits et ces conversations semblent d'une allure un peu lente. Si l'on a peine à s'intéresser au sort d'Adonis, l'amant de Vénus, victime d'un sanglier farouche, on s'intéresse moins encore au malheur de ces belles causeuses, coupables d'impiété envers Bacchus, et cruellement punies. Le modèle à jamais exquis de ces poèmes, c'est *Philémon et Baucis*, qu'on ajoute souvent en appendice aux *Fables* :

> Ni l'or ni la grandeur ne nous rendent heureux.

Qui ne connaît l'admirable portrait du sage, qui ouvre ce court chef-d'œuvre?

> Il regarde à ses pieds les favoris des rois.
> Il lit au front de ceux qu'un vain luxe environne
> Que la fortune vend ce qu'on croit qu'elle donne.
> Approche-t-il du but, quitte-t-il ce séjour,
> Rien ne trouble sa fin ; c'est le soir d'un beau jour.

Sans doute le poète nous avertit qu'il imite Ovide; mais, en l'imitant, il reste lui-même, témoin ce regret touchant prêté aux deux vieillards, en face du désastre de leur pays : « Les animaux périr ! » Témoin aussi cet autre regret, tout personnel cette fois :

> Ils s'aiment jusqu'au bout, malgré l'effort des ans.
> Ah ! si... Mais autre part j'ai porté mes présents.

Moins parfait, mais de proportions plus considérables, est le poème des *Amours de Psyché* (deux livres mêlés de prose et de vers), antérieur de quinze ans. Avouons-le, ce mythe gracieux et profond n'a été qu'à demi compris par La Fontaine. Qu'on en juge par le ton de ce dialogue entre Vénus et son fils Cupidon : « Nous n'avons parmi nous que trop de déesses. C'est une nécessité qu'il y ait du bruit où il y a tant de femmes. Dès que Psyché sera déesse, il lui faudra des temples aussi bien qu'aux autres. L'augmentation de ce culte nous diminuera notre portion. Déjà nous nous morfondons sur nos autels, tant ils sont froids et mal encensés... Ne vivez-vous pas ici heureux et tranquilles, dormant les trois quarts du temps? Vous savez combien quelquefois nous nous ennuyons. Cybèle est vieille; Junon de mauvaise humeur, Cérès sent sa divinité de province et n'a nullement l'air de la cour, Diane nous rompt la tête avec sa trompe. L'Aurore se lève de trop grand matin; on ne sait ce qu'elle devient tout le reste de la journée. » C'est de la mythologie accommodée à l'usage des ruelles. Mais, si l'on ne demande pas au poète cette intelligence des choses antiques que les modernes ont péniblement conquise, on trouvera charmant, sinon vrai, ce galant roman d'aventures, et c'est moins à Psyché, dès lors, qu'à La Fontaine lui-même qu'on s'intéressera. A travers les formes convenues on saisira l'impression originale. Si le poète écrit, par exemple :

> La Nuit vient sur un char conduit par le Silence,

on comprendra que, si l'expression a vieilli, le sentiment est resté vrai. C'est le poète moqueur qui dira des poètes habitants des Champs Élysées : « Ils étaient sous de beaux ombrages, se récitant les uns aux autres leurs poésies, et se donnant des louanges continuelles, sans se lasser. » Mais c'est l'homme qu'on se plaît à rencontrer, et c'est l'homme qui se présente à nous au début aussi bien qu'à la fin du poème. Nul prologue plus attachant que celui du livre I, où les quatre amis, dont un lira son poème nouveau, dont les trois autres l'écouteront, — quels auditeurs et quels juges ! — sont réunis dans les jardins de Versailles. Ils avaient pris l'habitude de causer entre eux de belles-lettres ; « c'était toutefois sans s'arrêter trop longtemps à la même matière, voltigeant de propos en autres, comme des abeilles qui rencontreraient en leur chemin diverses sortes de fleurs. » N'est-ce pas d'avance la charmante définition que La Fontaine donnera, dans le second recueil de ses Fables, de la conversation vraie ?

> La bagatelle, la science,
> Les chimères, les riens, tout est bon ; je soutiens
>   Qu'il faut de tout aux entretiens.
> C'est un parterre où Flore épand ses biens :
> Sur différentes fleurs l'abeille se repose
>   Et fait du miel de toute chose.

Des quatre amis, Ariste (Boileau) est « sérieux sans être incommode » ; Gélaste (Molière) [1] est « fort gai » et soutient, en effet, ce caractère pendant toute la durée de la lecture ; Acante (Racine) aime extrêmement les jardins, les fleurs, les ombrages. « Polyphile (La Fontaine) lui ressemblait en cela, mais on peut dire que celui-ci aimait toutes choses. » Ce n'est pas là un de ces cadres factices qui sont bientôt oubliés. Les amis ne

---

1. D'après une opinion en faveur aujourd'hui, Gélaste ne serait pas Molière, mais Chapelle. On fait remarquer qu'Ariste lui reproche les frivolités de son plaidoyer en faveur de la comédie.

se laissent jamais perdre de vue, entremêlent la lecture de réflexions admiratives ou ironiques, engagent même une longue discussion sur le rire et les pleurs. A la fin du livre II, Polyphile, celui qui aime toutes choses, reprend la parole pour son propre compte, et trace de nouveau son portrait dans une invocation à la Volupté :

> J'aime le jeu, l'amour, les livres, la musique,
> La ville et la campagne, enfin tout : il n'est rien
>   Qui ne me soit souverain bien,
> Jusqu'au sombre plaisir d'un cœur mélancolique.

En achevant ce roman poétique, nous n'en savons pas beaucoup plus sur Psyché, mais nous connaissons un peu mieux son poète, et nous l'aimons davantage.

V

Les poèmes modernes.

Le même charme ne s'attache point aux poèmes modernes. C'est que La Fontaine n'était plus soutenu ici par les souvenirs et le culte de l'antiquité; c'est aussi et surtout que ces œuvres étaient pour la plupart des œuvres de commande, où le génie spontané de La Fontaine se sentait mal à l'aise. Le *Songe de Vaux*, de l'aveu du poète lui-même, n'est composé que de fragments, en vers ou prose, destinés à glorifier Fouquet, l'heureux possesseur de tant de merveilles, puis restés en suspens et publiés longtemps après la disgrâce dont Fouquet fut frappé. Ces morceaux mal liés abondent pourtant en vers pittoresques, comme ceux où Apellanire (la Peinture) définit son art, et qu'on est tenté d'appliquer au peintre des animaux :

> A de simples couleurs mon art plein de magie
> Sait donner du relief, de l'âme et de la vie.
> Ce n'est rien qu'une toile : on pense voir des corps;

ou comme ceux où il peint la Nuit, qui, dit-il avec un singulier bonheur d'expression,

> Par de calmes vapeurs mollement soutenue,
> La tête sur son bras et son bras sur la nue,
> Laisse tomber des fleurs et ne les répand pas.

Comment La Fontaine fut-il amené à écrire la *Captivité de saint Malc* (1673), poème édifiant, dédié au cardinal de Bouillon, et qui commence par une pieuse invocation à la Vierge? Il devait beaucoup aux Bouillon sans doute : c'est pour la duchesse de Bouillon qu'il avait écrit ses contes licencieux ; il était juste, pour rétablir l'équilibre, qu'il composât pour le cardinal de Bouillon la vie d'un saint célèbre seulement par ses vertus. On dit qu'il s'attela à cette ingrate entreprise sur la prière de messieurs de Port-Royal. Mais il n'était janséniste que par ses amitiés, et sa piété, on le sent, manque de souffle. Ce bon saint Malc pourtant aimait la solitude et les bêtes ; comme Jean de la Fontaine, qui, d'ailleurs, suit ici saint Jérôme, il ne dédaignait pas de contempler l'enterrement d'une fourmi :

> Un du peuple étant mort, notre saint le contemple
> En forme de convoi soigneusement porté
> Hors des toits fourmillants de l'avare cité.

C'est avec la même complaisance que, dans *Psyché*, le poète appuyait sur un trait particulier de la légende et montrait les fourmis qui accourent, innombrables, au secours de l'héroïne, condamnée à trier un tas de blé où les grains les plus divers étaient confondus :

> Les chemins en sont noirs, les champs en sont couverts.
> Maint vieux chêne en fournit des cohortes nombreuses.

Aimez-vous les bêtes? Il en a mis partout, sauf peut-être dans son étrange poème du *Quinquina* (1682). Nous passerons vite sur cette erreur, plus grave encore que la précédente. Le remède, nouvellement répandu, du quinquina, était alors à la mode ; Monginot venait de publier son traité ; la duchesse de Bouillon, le mauvais génie de La Fontaine, lui imposa l'obligation cruelle de mettre ce traité en vers. Il y tâcha, mais en attestant la violence subie :

> Je ne voulais chanter que les héros d'Ésope ;
> Pour eux seuls en mes vers j'invoquais Calliope ;
> Même j'allais cesser, et regardais le port.
> La raison me disait que mes mains étaient lasses ;
> Mais *un ordre* est venu, plus puissant et plus fort
> Que la raison...

Peut-être ne savait-il pas si bien dire. Du moins il tient à constater qu'il se borne à obéir :

> C'est pour vous obéir, et non point par mon choix,
> Qu'à des sujets profonds j'occupe mon génie,
> Disciple de Lucrèce une seconde fois.

S'il fait allusion à la fable I du livre X, il a tort, car il rapproche d'une œuvre charmante à la fois et profonde, inspirée par le sentiment le plus vif, l'œuvre la plus froide et la moins convaincue.

VI

Les poésies diverses.

Les longs ouvrages, on le sait, faisaient peur à La Fontaine; aussi est-ce dans les poésies légères qu'il excelle. Ses odes profanes (*pour la Paix*, *pour Madame*, *au Roi pour Fouquet*, etc.) n'ajoutent rien à sa gloire. A l'exemple de son ami Boileau, il croyait que dans l'ode, c'est l'art surtout qui importe, et il le disait dans l'*Épître à Huet*, sous une forme qui nous fait sourire :

> L'ode, qui baisse un peu,
> Veut *de la patience*, et nos gens ont du feu.

Or, s'il n'avait pas toujours la patience, il avait rarement le feu. Il tenta aussi l'élégie ; mais ses élégies, adressées à quelque « Iris en l'air », sont plus épicuriennes que passionnées. Le poète s'y montre « touché des fleurs, des doux sons, des beaux jours », de « l'innocente beauté des jardins », plus qu'animé par un sentiment profond. Une seule de ses élégies a survécu, parce qu'une seule fois il a été vraiment ému. L'élégie *aux Nymphes de Vaux* (1661) : « Pleurez, nymphes de Vaux... » est dans toutes les mémoires. Et ce qui en fait la beauté toujours neuve, ce n'est pas seulement la sensibilité communicative, la courageuse reconnaissance de La Fontaine ; c'est l'adresse ingénue et ingénieuse avec laquelle il atténue les torts d'un favori entraîné fatalement à sa perte par « les attraits enchanteurs de la prospérité » ; c'est la bonhomie sincère avec laquelle il oppose à « tout ce vain amour des grandeurs et du bruit » le bonheur simple et facile des champs :

> Vous n'avez pas chez vous ce brillant équipage,
> Cette foule de gens, qui s'en vont chaque jour
> Saluer à longs flots le soleil de la Cour.
> Mais la faveur du ciel vous donne en récompense
> Du repos, du loisir, de l'ombre et du silence,
> Un tranquille sommeil, d'innocents entretiens ;
> Et jamais à la Cour on ne trouve ces biens.

C'est l'éloquence avec laquelle il fait appel à la clémence du jeune roi :

> La plus belle victoire est de vaincre son cœur.

C'est enfin le dernier cri, sorti d'une âme infiniment tendre :

> Il est assez puni par son sort rigoureux,
> Et c'est être innocent que d'être malheureux.

A côté de ces vers où le cœur parle seul, les vers où ne brille que l'esprit semblent assez froids. Mais, ne l'oublions pas, il y a deux poètes en La Fontaine : le poète gaulois, qui s'attache à faire revivre les genres et les rythmes traités autrefois; le poète français du XVIIe siècle, imitateur des anciens, mais qui pense et qui sent à sa manière. Quand ces deux poètes n'en font qu'un, comme dans les fables, La Fontaine est parfait; quand il y a divorce entre eux et que le poète gaulois paraît seul, il n'est plus guère qu'un bon disciple de Marot. Ballades, rondeaux, madrigaux, sonnets, dixains, sixains, il a touché à toutes les formes poétiques et chanté sur tous les tons. Même il a trouvé moyen de mettre de la gaieté dans l'épitaphe; il est vrai que c'était la sienne qu'il composait, et qu'il la composait jeune encore, à trente-huit ans :

> Jean s'en alla comme il était venu,
> Mangeant le fonds avec le revenu,
> Tint les trésors chose peu nécessaire.
> Quant à son temps, bien le sut dispenser :
> Deux parts en fit, dont il soulait[1] passer
> L'une à dormir et l'autre à ne rien faire.

Non pas qu'il soit incapable de traiter sérieusement les sujets sérieux; son épitaphe de Molière est éloquente :

> Sous ce tombeau gisent Plaute et Térence,
> Et cependant le seul Molière y gît :

1. *Il soulait*, il avait coutume, *solebat*.

> Leurs trois talents ne formaient qu'un esprit
> Dont le bel art réjouissait la France.
> Ils sont partis! et j'ai peu d'espérance
> De les revoir. Malgré tous nos efforts,
> Pour un bon temps, selon toute apparence,
> Térence et Plaute et Molière sont morts.

Mais il ne faut demander, en général, à ces pièces de circonstance que la grâce légère, et légère entre toutes est cette poésie de La Fontaine, qui semble glisser à la surface des choses, sans y appuyer jamais, comme cette princesse de Conti, que le *Songe* divinise :

> L'herbe l'aurait portée : une fleur n'aurait pas
> Reçu l'empreinte de ses pas.

VII

Les Épitres. — L'homme.

Boileau n'a pas dans l'épitre de rival plus redoutable que La Fontaine; moins soigné dans le détail, La Fontaine s'y livre à nous avec plus d'abandon. Le chef-d'œuvre de l'épitre au xviie siècle, avec l'*Épitre à Racine* de Boileau, est peut-être le *Discours à Mme de la Sablière* (1684). La Fontaine a soixante-trois ans alors; il s'adresse à une femme que la piété la plus ardente console des déceptions de la vie. Va-t-il donc faire un public aveu de ses erreurs passées? On le croirait à lire le début, tout contrit :

> Des solides plaisirs je n'ai suivi que l'ombre.

La rêverie, la fantaisie, la conversation, « les romans et le jeu », les passions, ont pris à l'envi la fleur de ses années :

> L'usage des vrais biens réparerait ces maux.
> Je le sais, et je cours encore à des biens faux.

Mais quoi! tous suivent cet exemple; peu ont un esprit « aussi réglé » que Mme de la Sablière; peu savent être sages, La Fontaine moins que tout autre :

> Ne point errer est chose au-dessus de mes forces.

On lui reproche avec raison

> L'inconstance d'une âme en ses plaisirs légère,
> Inquiète et partout hôtesse passagère.

Même on lui reproche, bien à tort, l'indépendance de sa verve poétique :

> Tu changes tous les jours de manière et de style ;
> Tu cours en un moment de Térence à Virgile :
> Aussi rien de parfait n'est sorti de tes mains.

A ces reproches divers, il répond par la confession souriante d'un homme qui connaît ses faiblesses, qui les aime et n'a pas la force d'y renoncer :

> Je m'avoue, il est vrai, s'il faut parler ainsi,
> Papillon du Parnasse, et pareil aux abeilles
> A qui le bon Platon compare nos merveilles :
> Je suis chose légère, et vole à tout sujet ;
> Je vais de fleur en fleur et d'objet en objet.
> A beaucoup de plaisir je mêle un peu de gloire.
> J'irais plus haut peut-être au temple de Mémoire,
> Si dans un genre seul j'avais usé mes jours ;
> Mais quoi ! je suis volage en vers comme en amours.

A-t-il vraiment vécu jusqu'alors ? Ne serait-il pas temps enfin qu'il commençât à vivre, à jouir tranquillement des vrais biens, à user sagement des loisirs, à honorer l'Être suprême, à étouffer les passions, ces hydres qui renaissent sans cesse dans les cœurs ? Il se borne à poser la question sans y répondre. Cette charmante causerie, comme beaucoup de causeries de Montaigne, se termine sur un « Que sais-je ? »

Les autres épitres, à Fouquet, à Conti, à Turenne, à Vendôme, à Mme de La Fayette (en lui envoyant un petit billard), au roi, ont moins d'importance, mais suffiraient à nous faire comprendre en quelle estime notre poète était tenu par la haute société de son temps, et à détruire la légende qui le représente, selon le mot de Saint-Marc Girardin, comme un ours de génie. Voyez avec quelle simplicité modeste et de bon goût il dédie au prince de Conti un recueil de *Poésies chrétiennes et diverses* (1671), extraites de poètes différents, qu'il se borne à introduire :

> Si le pieux y règne, on n'en a point banni
> *Du profane innocent le mélange infini.*
> Pour moi, je n'ai de part, en ces dons du Parnasse,
> Qu'à la faveur de ceux que je suis à la trace.
> Ésope me soutient par ses inventions ;
> J'orne de traits légers ses riches fictions,

> Ma Muse cède en tout aux muses favorites
> Que l'Olympe doua de différents mérites.
> Cependant à leurs vers je sers d'introducteur :
> Cette témérité n'est pas sans quelque peur.

Voyez aussi avec quelle aisance, dans deux épitres successives de 1674, il entretient le grand Turenne; voyez comme, en se souvenant de ses chers animaux, il définit le courage réfléchi du vainqueur de Sintzeim et de Turkheim :

> Quoi! la bravoure et la matoiserie?
> Vous savez coudre avec encor plus d'art
> Peau de lion avec peau de renard;

et comme ce portrait du tacticien consommé s'oppose à celui de son fougueux rival :

> Je vois Condé, prince à haute aventure,
> Plutôt démon qu'humaine créature :
> Il me fait peur de le voir plein de sang,
> Souillé, poudreux, qui court de rang en rang.

Parfois, le ton s'élève, et c'est la France qui, par l'organe de La Fontaine, semble conjurer Turenne d'épargner une vie précieuse :

> Hé quoi! seigneur, toujours nouveaux combats!
> Toujours dangers! Vous ne croyez donc pas
> Pouvoir mourir? Tout meurt, tout héros passe.
> Cloto ne peut vous faire d'autre grâce
> Que de filer vos jours plus lentement
> Mais Cloto va toujours étourdiment.
> Songez-y bien, si ce n'est pour vous-même,
> Pour nous, seigneur, qui sans douleur extrême
> Ne saurions voir un triomphe acheté
> Du moindre sang qu'il vous aurait coûté.

Turenne et La Fontaine, ces deux hommes sont moins différents l'un de l'autre qu'on ne pourrait croire : La Fontaine a du cœur, et Turenne a de l'esprit; Turenne sait des pièces entières de Marot, qu'il récite à La Fontaine ravi. Trouvez donc un capitaine « qui sache Marot »! Et pourtant savoir Marot, ce serait aussi savoir le XVIe siècle, siècle de guerres civiles autant que de renaissance, et qui l'aurait vraiment compris n'aurait pas écrit sans doute les épitres à M. de Bonrepaux et à Vendôme, où est glorifié outre mesure le roi qui révoqua l'édit de Nantes :

> Il veut vaincre l'erreur : cet ouvrage s'avance ;
> Il est fait, et le fruit de ces succès divers
> Est que la vérité règne en toute la France,
> Et la France en tout l'univers...
> Louis a banni de la France
> L'hérétique et très sotte engeance 1.

Ah! Jean de La Fontaine, poète trop indulgent parfois, vous avez été parfois, malgré vous, bien cruel!

VIII

Les Épîtres littéraires. — Le critique.

Dans une épître dédicatoire des *Ouvrages de prose et de poésie des sieurs Maucroix et de La Fontaine* (1615) adressée à M. de Harlay, procureur général du Parlement, on lit ce curieux parallèle de Démosthènes et de Cicéron :

> Que Cicéron blâme ou qu'il loue.
> C'est le plus disert des parleurs.
> L'ennemi de Philippe est semblable au tonnerre ;
> Il frappe, il surprend, il atterre :
> Cet homme et la raison, à mon sens, ne sont qu'un.

Ce parallèle, si juste dans sa brièveté, est, qu'on ne l'oublie pas, antérieur de quinze ans au parallèle de la *Lettre à l'Académie*. L'aimable simplicité, voilà l'idéal de La Fontaine, comme celui de Fénelon ; mais sa simplicité a quelque chose de plus large et de plus fort : c'est plutôt la simplicité de ce Molière qu'il a loué dignement, on l'a vu, après sa mort, mais qu'il avait su comprendre et admirer dès ses débuts. Dans une épître à Maucroix, mêlée de vers et de prose (17 août 1661), il devançait le jugement de la postérité sur l'auteur des *Fâcheux* :

> C'est un ouvrage de Molière :
> Cet écrivain, par sa manière,
> Charme à présent toute la cour.
> De la façon que son nom court,
> Il doit être par delà Rome.
> J'en suis ravi, car c'est mon homme.
> Te souvient-il bien qu'autrefois
> Nous avons conclu d'une voix
> Qu'il allait ramener en France
> Le bon goût et l'air de Térence?

---

1. Épîtres du 28 janvier 1687 et de septembre 1689.

> Plaute n'est plus qu'un plat bouffon,
> Et jamais il ne fit si bon
> Se trouver à la comédie :
> Car ne pense pas qu'on y rie
> De maint trait jadis admiré
> Et bon *in illo tempore*.
> Nous avons changé de méthode ;
> Jodelet n'est plus à la mode,
> *Et maintenant il ne faut pas*
> *Quitter la nature d'un pas.*

Molière sans doute eût défendu Plaute contre le reproche immérité de platitude, mais il eût accepté de grand cœur la définition de sa « méthode » : ne quitter jamais la nature. De là mainte ressemblance de détail entre les deux amis. Neuf ans avant les *Femmes savantes*, La Fontaine écrivait : « Ce n'est pas une bonne qualité pour une femme d'être savante, et c'en est une très mauvaise d'affecter de paraître telle [1]. » Mais c'est quatorze ans après les *Femmes savantes* qu'il écrit, par une réminiscence évidente du mot de Clitandre :

> *Un sot plein de savoir est plus sot qu'un autre homme...*
> Ronsard est dur, sans goût, sans choix.
> Arrangeant mal ses mots, gâtant par son françois
> Des Grecs et des Latins les douceurs infinies.
> Nos aïeux, bonnes gens, lui laissaient tout passer,
> Et d'érudition ne pouvaient se lasser...
> Cet auteur a, dit-on, besoin d'un commentaire.
> On voit bien qu'il a lu, mais ce n'est pas l'affaire ;
> Qu'il cache son savoir et montre son esprit.
> Racan ne savait rien : comment a-t-il écrit [2] ?

Si La Fontaine est injuste pour Ronsard, c'est que le xviᵉ siècle qu'il aime est le siècle du facile et riant Marot. A l'érudition confuse de Ronsard il oppose l'élégance naturelle de ce Racan qu'il unit à Malherbe dans ses éloges :

> Ces deux rivaux d'Horace, héritiers de sa lyre,
> Disciples d'Apollon, nos maîtres pour tout dire [3].

1. Lettre à sa femme, 1663.
2. Lettre à Racine, 6 juin 1686.
3. *Le Meunier, son Fils et l'Ane*. La Fontaine s'est souvenu des beaux vers de Racan sur le chêne :

> Et son tronc, vénérable aux campagnes voisines,
> Attache dans l'enfer ses secondes racines
> Et de ses larges bras touche le firmament.

Dans l'*Épître à Huet*, il nomme aussi « Malherbe avec Racan » qui ont « emporté leur lyre » au céleste séjour.

En tout il prêche « l'art de la simple nature », comme il le dit dans cette admirable *Épître à Huet* (1687) qu'a fait naître la querelle des anciens et des modernes. Mais observons ici la différence qui sépare l'âpre Despréaux du tendre La Fontaine. En combattant les partisans des modernes, Despréaux semble foudroyer des hérétiques; La Fontaine reste aimable, alors même qu'il se sent atteint dans ses plus intimes préférences. C'est une plainte seulement, une plainte discrète, qu'il fait entendre. Après avoir exposé avec impartialité les arguments de ses adversaires, il indique son sentiment propre; paisible d'abord, il s'anime peu à peu :

> Quelques imitateurs, sot bétail, je l'avoue,
> Suivent en vrais moutons le pasteur de Mantoue.
> J'en use d'autre sorte, et, *me laissant guider*,
> *Souvent à marcher seul j'ose me hasarder.*
> On me verra toujours pratiquer cet usage.
> *Mon imitation n'est pas un esclavage :*
> *Je ne prends que l'idée, et les tours et les lois*
> Que nos maîtres suivaient eux-mêmes autrefois.
> Si, d'ailleurs, quelque endroit, plein chez eux d'excellence,
> Peut entrer dans mes vers sans nulle violence,
> Je l'y transporte, et veux qu'il n'ait rien d'affecté,
> *Tâchant de rendre mien cet air d'antiquité.*

C'est la pure doctrine du XVIIe siècle, qui peut se résumer ainsi : égal dédain de ceux qui croient pouvoir se passer des modèles éternels, et de ceux qui les imitent servilement. En maint endroit de ses œuvres, La Fontaine a manifesté cette horreur des écrivains nés copistes :

> N'attendez rien de bon du peuple imitateur.
> Qu'il soit singe ou qu'il fasse un livre,
> La pire espèce, c'est l'auteur [1].

Si l'on étudie de près cette *Épître à Huet*, — dont le prétexte est l'envoi d'une traduction de Quintilien par Orazio Toscanella, — on voit que La Fontaine établit avec précision et fermeté ce double principe : il est impossible de se régler sur les seuls écrits des modernes; mais il est possible et désirable de comparer les modernes aux anciens. Qu'il soit impossible, ou tout

---

1. *Le Singe.* Voyez sur les imitateurs le passage de *Clymène* cité plus haut.

au moins dangereux de demander son idéal aux modernes seuls, La Fontaine le prouve par son propre exemple :

> Je pris certain auteur autrefois pour mon maître :
> Il pensa me gâter. A la fin, grâce aux dieux,
> Horace par bonheur me dessilla les yeux,

c'est-à-dire : à la fin je corrigeai la fantaisie moderne par le goût antique.

Il n'écarte pas, tant s'en faut, l'influence très légitime de la littérature nationale ni même celle des littératures étrangères, qu'il pratique familièrement. Entre ses adversaires mêmes il en voit « dont les écrits sont beaux et se soutiennent ». La France n'a-t-elle pas « la satire et le double théâtre », Boileau, et après Corneille mort, Racine, Molière? L'Italie n'est-elle pas la digne héritière de Rome?

> Je chéris l'Arioste et j'estime le Tasse.
> Plein de Machiavel, entêté de Boccace,
> J'en parle si souvent qu'on en est étourdi.

Il n'acceptait pas tout pourtant de l'Italie; dans son épître à M. de Niert, musicien, valet de chambre du roi (1677), il raille fort « ce déchaînement qu'on a pour l'opéra », et cela plusieurs années avant ses démêlés avec Lulli. C'est au nom de la raison qu'il proteste contre cette duperie des sens :

> Des machines d'abord le surprenant spectacle
> Éblouit le bourgeois et fit crier miracle;
> Mais la seconde fois il ne s'y pressa plus :
> Il aima mieux le *Cid, Horace, Héraclius.*
> Aussi de ces objets l'âme n'est point émue,
> Et même rarement ils contentent la vue.
> Quand j'entends le sifflet, je ne trouve jamais
> Le changement si prompt que je me le promets.
> Souvent au plus beau char le contrepoids résiste;
> Un dieu pend à la corde, et crie au machiniste;
> Un reste de forêt demeure dans la mer,
> Et la moitié du ciel au milieu de l'enfer.

Comme La Bruyère plus tard, comme tout son siècle, il préfère ce qui parle à l'âme; il ne voit pas sans inquiétude le mélange « de genres si divers », et ce grand nombre d'acteurs qui encombre le théâtre. Le bon comédien, selon lui, ne doit jamais chanter. Il se plaint (sur quel ton s'en plaindrait-il aujourd'hui?) du fracas des instruments nouveaux substitués à la viole, au téorbe, à la flûte d'autrefois. Le roi, il ne se le dissimule pas, est pour quelque chose dans cette mode de l'opéra :

> Grand en tout, il veut mettre en tout de la grandeur :
> La guerre fut sa joie et sa plus forte ardeur ;
> Ses divertissements ressentent tous la guerre :
> Ses concerts d'instruments ont le bruit du tonnerre.

L'exemple royal a fait loi pour le peuple :

> On ne va plus au bal, on ne va plus au Cours :
> Hiver, été, printemps, bref, opéra toujours.

Si le roi pourtant abandonne l'opéra, « tous l'abandonneront ». Pour La Fontaine, il se consolera sans peine de ne point assister à l'opéra d'*Isis* en allant entendre Mlle Certain, dont les « brillantes mains » font chanter un clavecin « unique ».

De cette épître à M. de Niert sort, ce nous semble, la même leçon que des œuvres précédentes : même au théâtre, la simplicité seule est éloquente; tous les ornements sont vains qui cachent la nature. La Fontaine critique n'est donc pas au fond moins « raisonnable » que Boileau, mais il l'est autrement. Il ne raille pas avec moins de verve les prétentions ambitieuses des petits poètes qui s'attaquent présomptueusement aux grands sujets : voyez *la Montagne qui accouche*; il ne professe pas moins de mépris pour ces esprits du dernier ordre qui s'efforcent en vain de mordre sur les beaux ouvrages : voyez *le Serpent et la lime*. Mais son ton habituel est doucement enjoué. Il n'enseigne pas, il insinue. Il se garde de tous les excès. Descartes, « le rival d'Épicure » (venant de La Fontaine, ce titre a son prix), Descartes sera dans le même temps presque divinisé, parce qu'il est l'apôtre de la raison, et vivement combattu, parce qu'il en est l'apôtre exclusif [1]. Mais, pour le fabuliste comme pour le satirique, c'est bien la raison qui est le but et la règle suprême; c'est au bon sens que tout doit tendre et que tout revient :

> Il avait du bon sens; le reste vient ensuite [2]:

---

1. Fable I du livre X.
1. *Le Berger et le Roi*, x, X.

IX

La Correspondance.

La correspondance de La Fontaine est malheureusement peu considérable. Il est malaisé d'ailleurs de distinguer entre les épîtres et les lettres, et l'on a cité ici plus d'une épître qui a la forme d'une lettre, comme on citera plus d'une lettre qui prend la forme d'une épître. Sans s'arrêter à ces distinctions, que La Fontaine n'a guère observées, il suffira de dire que les lettres de La Fontaine se divisent naturellement en trois séries.

1° *Les lettres écrites à des parents*. Ce ne sont pas les plus intéressantes au point de vue littéraire ; mais il est indispensable de les lire si l'on veut rectifier les idées erronées ou tout au moins exagérées qui ont cours sur La Fontaine homme privé. C'est ainsi que sa correspondance s'ouvre par plusieurs lettres d'affaires à son oncle M. Jannart (1656-1659). Il est vrai que La Fontaine est jeune encore, et tient sans doute à bien établir sa situation de fortune avant de « manger son bien avec son revenu ». C'est longtemps après (1685) qu'il aura le droit d'écrire à Racine : « Mes affaires m'occupent autant qu'elles en sont dignes, c'est-à-dire nullement ». Mais enfin il n'a pas toujours été si détaché de tout. De même, il n'a pas toujours été le mari oublieux que peint la légende. On a toute une collection de lettres adressées par lui à sa femme en 1663, pendant un voyage de Paris au Limousin. Il est vrai que le ton de ces lettres est parfois étrange ; mais cela même nous aiderait à deviner le caractère de la personne à qui elles sont écrites, si La Fontaine ne se chargeait de nous éclairer lui-même : « Vous n'avez jamais voulu lire d'autres voyages que ceux des chevaliers de la Table Ronde... Vous ne jouez ni ne travaillez, ni ne vous souciez du ménage, et hors le temps que vos bonnes amies vous donnent par charité, il n'y a que les romans qui vous divertissent ». Somme toute, et tout mérite littéraire mis à part (la description de la Loire est parmi les plus beaux vers qu'ait écrits La Fontaine), on a meilleure opinion de lui que de sa femme. Il est épicurien ; mais il oublie jusqu'à l'heure du dîner dans la lecture de Tite-Live, et il prolonge souvent ses lettres jusqu'à minuit, alors qu'il doit se remettre en route de bon matin. Il ne veut point savoir combien d'enfants ont ses parents, les Pidoux de Châtellerault, son humeur, il nous en avertit, n'étant nullement de s'arrêter à ce petit peuple, et nous sommes surpris, presque attristés de cette indifférence chez un poète à l'âme tendre; mais ce même homme, en visitant le château d'Amboise, s'attendrit à la seule vue du cachot où Fouquet a été emprisonné et s'écrie : « Sans la nuit, on n'eût pu m'arracher de cet endroit ».

2° *Les lettres écrites à des amis*. Elles sont plus rares, mais ont plus d'abandon que les précédentes. Combien elles seraient précieuses, si elles étaient un dialogue suivi entre La Fontaine et ses amis illustres! Mais on n'a qu'une lettre de lui à Racine, et elle n'est qu'un envoi de vers nouveaux, qu'il prie délicatement Racine de ne montrer à personne, car « Mme de La Sablière ne les a pas encore vus »; aucune lettre à Molière, ce qu'explique la mort prématurée du grand comique; aucune, ce qui est plus étonnant, à Boileau. En revanche, plusieurs lettres à l'ami intime entre tous, au chanoine Maucroix : la première en date est une relation détaillée de la fête donnée à Vaux en 1661; la dernière est aussi la dernière que La Fontaine ait écrite, et le ton en est singulièrement grave : « Tu te trompes assurément, mon cher ami, s'il est bien vrai, comme M. de Soissons (M. de Silleri) me l'a dit, que tu me croies plus malade d'esprit que de corps. Il me l'a dit pour tâcher de m'inspirer du courage, mais ce n'est pas de quoi je manque. Je t'assure que le meilleur de tes amis n'a plus à compter sur quinze jours de vie. Voilà deux mois que je ne sors point, si ce n'est pour aller à l'Académie, afin que cela m'amuse. Hier, comme j'en revenais, il me prit, au milieu de la rue du Chantre, une si grande faiblesse que je crus véritablement mourir. O mon cher! mourir n'est rien : mais songes-tu que je vais comparaître devant Dieu? Tu sais comme j'ai vécu. Avant que tu reçoives ce billet, les portes de l'éternité seront peut-être ouvertes pour moi. » Il ne se trompait pas : ce billet est du 10 février 1695; le 13, La Fontaine mourait, et son ami lui rendait ce témoignage : « C'était l'âme la plus vraie et la plus candide que j'aie jamais connue ». Ajoutons : c'était l'*ami* par excellence. Dans une de ses lettres, il en fait l'aveu : « Pour peu que j'aime, je ne vois dans les défauts des personnes non plus qu'une taupe qui aurait cent pieds de terre sur elle ». C'est bien ainsi qu'il faut aimer, sans se réserver et de plein cœur.

3° *Les lettres écrites à des étrangers*. Parmi celles-ci, les plus remarquables, avec les lettres du début à Fouquet, sont celles qui nous montrent La Fontaine en relations avec l'Angleterre, où séjournent momentanément ses amis, M. de Bonrepaux, Mme de Bouillon, où habitent à demeure l'épicurien Saint-Évremond (un peu malgré lui) et le poète Waller. Un moment, on voulut faire passer le détroit à La Fontaine, dont la résistance fut assez molle. Il estimait les Anglais, ce peuple « si profondément pensant », dira plus tard Buffon. « Les Anglais pensent profondément », écrit déjà La Fontaine dans une fable dédiée à une Anglaise de distinction [1]. Chose curieuse, c'est en France alors que l'on était rigoriste; on voulait « de plus sévères moralistes » qu'un La Fontaine. Anacréon doit se taire devant les hommes de Port-Royal, persécutés, mais, au fond, vainqueurs. Ces hommes, parmi lesquels il compte beaucoup d'amis — dont Racine et un peu Boileau, — La Fontaine les juge « bons disputeurs », mais à condition qu'on lui accordera que leurs leçons « semblent un peu tristes [2] ». A ces leçons il en opposait d'autres, qui ne sont point aussi relâchées qu'on pourrait croire. Saint-Évremond, qui est, lui, un pur épicurien, a cru pouvoir définir son confrère en épicurisme : « Après avoir parlé de votre esprit, dit-il, il faut dire un mot de votre morale :

> S'accommoder aux ordres du destin,
> Aux plus heureux ne porter point d'envie,
> De ce faux air d'esprit que prend un libertin [3],
> Connaître avec le temps comme nous la folie,
> Et dans les vers, jeu, musique et bon vin
> Entretenir son innocente vie,
> C'est le moyen d'en reculer la fin.

La réponse de La Fontaine donne à cette définition insuffisante une ampleur et un accent nouveaux : « J'en reviens à ce que vous me dites de ma morale, et suis fort aise que vous ayez de moi l'opinion que vous en avez. Je ne suis pas moins ennemi que vous du faux air d'esprit que prend un libertin. Quiconque l'affectera, je lui donnerai la palme du ridicule.

> Rien ne m'oblige à faire un livre,
> Mais la raison m'oblige à vivre

---

1. Fable XXIII du livre XII : *le Renard anglais*, à Milady Harvey.
2. Lettre à Mme de Bouillon, novembre 1687.
. On sait que *libertin*, dans la langue de ce temps, signifiait incrédule.

> En sage citoyen de ce vaste univers ;
> Citoyen qui, voyant un monde si divers,
>   Rend à son auteur les hommages
>   Que méritent de tels ouvrages.
> Ce devoir acquitté, les beaux vers, les doux sons,
>   Il est vrai, sont peu nécessaires ;
>   Mais qui dira qu'ils soient contraires
>   A ces éternelles leçons?
> On peut goûter la joie en diverses façons :
> Au sein de ses amis répandre mille choses,
> Et, recherchant de tout les effets et les causes,
> A table, au bord d'un bois, le long d'un clair ruisseau,
> Raisonner avec eux sur le bon, sur le beau [1].... »

L'amitié a paru, et les conversations intelligentes et les hautes pensées ; voilà de quoi nous réconcilier avec l'épicurisme.

X

Discours à l'Académie.

Il y a des hommes que la force des choses fait académiciens, et qui ne semblaient point prédestinés à l'être. La Fontaine est de ceux-là. Lorsqu'en 1683 il se présenta aux suffrages de l'Académie, il avait pour concurrent le sage Boileau ; mais il avait aussi pour adversaires tous ceux qui affectaient d'oublier les *Fables* pour ne se souvenir que des *Contes*. Un certain Roze l'attaqua vivement dans le sein de l'Académie ; mais Benserade le défendit. Être défendu par Benserade, c'était déjà un châtiment. Louis XIV, sévère pour les autres, lui en infligea un second en refusant d'approuver son élection. En dépit des vers du pauvre poète pour le roi, en dépit de l'intervention de Mme de Thianges elle-même, il eût persisté dans son opposition, si Boileau n'eût été nommé à son tour et s'il n'avait pu ainsi approuver les deux élections à la fois, l'une corrigée et sauvée par l'autre.

C'est ce qui explique peut-être le ton humble et presque contrit du discours de La Fontaine (2 mai 1684) : « Messieurs, je vous supplie d'ajouter encore une grâce à celle que vous m'avez faite : c'est de ne point attendre de moi un remerciement proportionné à la grandeur de votre bienfait. Ce n'est pas

---

1. La lettre de Saint-Évremond et celle de La Fontaine sont de décembre 1687.

que je n'en aie une extrême reconnaissance ; mais il y a de certaines choses que l'on sent mieux qu'on ne les exprime ; et bien que chacun soit éloquent dans sa passion, il est de la mienne comme de ces vases qui, étant trop pleins, ne permettent pas à la liqueur de sortir. » Pauvre La Fontaine ! Déjà le grand Corneille, aussi gauche dans ces sortes de compliments, avait comparé la joie à une « liquéfaction intérieure » dont il était inondé. La Fontaine poursuit, mais avec un demi-sourire, je pense : « Vous voyez, Messieurs, par mon ingénuité et par le peu d'art dont j'accompagne ce que je dis, que c'est le cœur qui vous remercie, et non pas l'esprit. » Ici, le bonhomme se fait trop bonhomme vraiment.

L'exorde suffit pour permettre de juger du discours. Il est tout en éloges : Éloge de l'Académie, qui sait « également bien la langue des dieux et celle des hommes », et aussi « le langage de la piété », le premier de tous ; juridiction plus respectée que celle de l'ancien sénat romain, l'Académie exerce une autorité souveraine dans la république des lettres, et le peuple se soumet sans réplique à ses jugements, car les écrits de ses membres « sont autant de parfaits modèles pour tous les genres d'écrire, pour tous les styles » ; — éloges de Richelieu, de Séguier, second protecteur de l'Académie, de Colbert, le prédécesseur de La Fontaine ; — éloge du roi enfin et surtout, de ce roi qui fait tout avec grâce, même lorsqu'il refuse une faveur, de ce roi qui a « réduit l'hérésie aux derniers abois » et réprimé la manie funeste des duels. En traçant ce long portrait de Louis XIV, La Fontaine parle en courtisan, et pourtant on sent qu'il est sincère dans son idolâtrie : « S'il m'est permis de descendre jusqu'à moi, un simple clin d'œil m'a renvoyé, je ne dirai pas satisfait, mais plus que comblé. » Son enthousiasme grandissant l'excite, dit-il, à prendre la lyre pour chanter tant de grandes choses ; mais il est retenu par le sentiment de sa faiblesse. Au lieu d'une ode à Louis, qui eût été médiocre, il lut à l'Académie le *Discours à Mme de la Sablière*, qui est exquis. Là seulement il se retrouvera.

XI

Les Contes.

Il y aurait quelque affectation à oublier les *Contes* dans cette revue des œuvres de La Fontaine; mais on ne peut guère que les mentionner ici. Deux remarques pourtant ne seront pas déplacées. La première, c'est que La Fontaine n'est jamais grossièrement vulgaire dans l'immoralité. A la différence de plus d'un de nos contemporains, il n'a pas uniquement cherché à exciter une curiosité basse en remuant le fond le l'âme humaine. En imitant les Italiens et les vieux Français, il savait faire œuvre gauloise sans doute, mais il croyait faire œuvre littéraire encore. Aussi n'a-t-il pas sacrifié la forme au fond, dont la forme sauverait le caractère risqué, s'il pouvait être sauvé. Comme Régnier, il eût dit volontiers :

> La verve quelquefois s'égaye en la licence.

Comme lui, il aimait la négligence nonchalante :

> La négligence, à mon gré si requise.

Même ici pourtant il ne s'abandonne point; il reste l'écrivain français, le conteur par excellence :

> Contons, mais contons bien : c'est le point principal.

La seconde remarque, c'est que La Fontaine, avec une ingénuité qu'il convient de ne pas exagérer (sa naïveté a bien de la malice), mais qui est bien le fond de cette âme presque enfantine parfois, ne s'est jamais rendu *entièrement* compte de la portée de son œuvre. S'il en avait eu pleine conscience, il ne serait pas revenu si souvent à ce point délicat, il ne se serait pas complu à répéter :

> Ce sont choses indifférentes;
> Je n'y vois rien de périlleux.

il ne se serait pas étonné de l'émoi causé par « dix ou douze contes bleus », et ne se serait pas écrié, avec un sans-façon qui serait étrange, s'il n'était à ce point naturel :

> Voyez un peu la belle affaire !

Non, La Fontaine, « entêté » de Boccace et de Marot, a été l'héritier plus ou moins inconscient (il le soupçonnait bien un peu) des trouvères du moyen âge et des conteurs du xvie siècle ; plus ou moins naïvement, il s'est étonné qu'on censurât en son temps ce qu'en d'autres on trouvait si naturel et si plaisant. Avec sa garde-malade, nous croyons donc que Dieu n'aura jamais eu le courage de le damner.

DISCOURS
A Mme DE LA SABLIÈRE

NOTICE

SUR

LE DISCOURS A MME DE LA SABLIÈRE

Le nom de Mme de la Sablière (1656-1693) est inséparable du nom de La Fontaine. C'est elle qui avait recueilli le poète, quand mourut (en 1672) la duchesse douairière d'Orléans, chez qui il logeait au Luxembourg. C'était l'homme du monde qui avait le plus besoin d'être protégé, surtout contre lui-même : Fouquet, la duchesse de Bouillon, la duchesse douairière d'Orléans s'étaient succédé dans ce rôle tutélaire, de 1658 à 1672, et le poète avait trouvé tout simple qu'on lui épargnât ainsi la peine de vivre. De 1672 à 1693, Mme de la Sablière veilla sur lui à son tour, mais avec une affectueuse indulgence qu'il n'avait encore rencontrée nulle part.

On cite partout des mots d'elle, qui n'ont peut-être pas été prononcés, mais qui suffisent à caractériser ce qu'a dû être cette familiarité dévouée d'un côté, respectueuse et reconnaissante de l'autre : « En vérité, mon cher La Fontaine, vous seriez bien bête si vous n'aviez pas tant d'esprit... La Fontaine ne ment jamais en prose... J'ai renvoyé tout mon monde : je n'ai gardé que mon chien, mon chat, et La Fontaine. » Ce qu'on dit moins, c'est combien fut, moralement, profitable au poète la douce tutelle qui lui était par ailleurs si nécessaire. Sainte-Beuve l'a bien vu : « Abandonné dans ses mœurs, perdu de fortune, n'ayant plus ni feu ni lieu, ce fut pour lui et pour son talent une inestimable ressource que de se trouver maintenu, sous les auspices d'une femme aimable, au sein d'une société spirituelle et de bon goût, avec toutes les douceurs de l'aisance. Il sentit vivement le prix de ce bienfait; et cette inviolable amitié, familière à la fois et respectueuse, que la mort seule put rompre, est un des sentiments naturels qu'il réussit le mieux à exprimer. Aux pieds de Mme de la Sablière et des autres femmes distinguées qu'il célébrait en les respectant, sa muse, parfois souillée, reprenait une sorte de pureté et de fraîcheur, que ses goûts un peu vulgaires ne tendaient que trop à affaiblir. » Aussi est-ce Mme de la Sablière qui reçoit du poète les hommages les plus sincères et les plus émus. Nous sommes avertis que, d'ordinaire, elle ne goûte point les louanges; mais celles de La Fontaine, comment ferait-elle pour les repousser? Vanter le charme sérieux de sa conversation,

> Son art de plaire et de n'y penser pas,

son esprit, qui a « beauté d'homme avec grâce de femme », c'est la flatter, sans doute; mais que la flatterie est discrète et comme on est obligé de la croire vraie, à force de la sentir sincère! On l'a observé : ce parasite de génie, en face de sa bienfaitrice, n'a rien d'un parasite. C'est un ami reconnaissant, un confident respectueux, affectueux plus encore, qui sait ce qu'il doit aux autres, mais aussi ce qu'on lui doit. Dans cette situation, qui semble équivoque aujourd'hui et ne l'était pas alors, qui pèserait à de plus fiers et gênerait de plus humbles, il est à son aise, et, pour ainsi dire, de plain-pied avec ses protecteurs. Il paie en gloire ce qu'on lui donne en sécurité.

Les Fables eussent suffi à immortaliser Mme de la Sablière. Celle qui ouvre le livre X, en particulier, nous introduit dans ce salon où « la bagatelle » et la science se mêlent dans les entretiens. La bagatelle, c'est la part de la Fontaine, sans doute. C'est Mme de la Sablière qui représente la science, avec ses maîtres, les académiciens Sauveur et Roberval, et le célèbre voyageur Bernier, qui a aussi son logement chez elle. Jeune, elle avait appris le latin; bientôt elle approfondit la philosophie cartésienne, les sciences mathématiques et physiques. « Mme de la Sablière, disait Bayle, est connue partout pour un esprit extraordinaire et pour un des meilleurs. » Sa grâce et sa modestie naturelles n'en souffraient pas.

Pourtant, elle ne fut pas heureuse. Son mari, riche financier, régisseur des domaines royaux, était homme d'esprit et même poète; mais les deux époux n'étaient guère unis. La Fontaine, qui ne s'inquiétait guère de ces choses, vécut pendant huit ans dans cette maison sans avoir rien à désirer. Mais bientôt il s'y trouva presque seul, par la mort de M. de la Sablière et par la conversion de sa femme. Une passion tristement déçue fit de celle-ci une dévote, presque une sœur de charité : elle passa désormais la plus grande partie de sa vie aux Incurables, soignant les pauvres et les malades. Mme de Sévigné nous apprend (Lettres du 14 juillet et du 4 août 1680) qu'elle retournait de temps en temps chez elle, que ses amis allaient la voir, et qu'elle était toujours « de très bonne compagnie ». Mais, au bout de quelques années, la renonciation aux joies du monde, même à celles de l'esprit, est totale. La Fontaine écrit en 1687 à M. de Bonrepaux :

> J'ai vu le temps qu'Iris (et c'était l'âge d'or
> Pour nous autres gens du bas monde),
> J'ai vu, dis-je, le temps qu'Iris goûtait encor,
> Non cet encens commun dont le Parnasse abonde :
> Il fut toujours, au sentiment d'Iris,
> D'une odeur importune ou plate ;
> Mais la louange délicate
> Avait auprès d'elle son prix.
> Elle traite aujourd'hui cet art de bagatelle;
> Il l'endort, et, s'il faut parler de bonne foi,
> L'éloge et les vers sont pour elle
> Ce que maints sermons sont pour moi.
> J'eusse pu m'exprimer de quelque autre manière;
> Mais, puisque me voilà tombé sur la matière,
> Quand le discours est froid, dormez-vous pas aussi?
> Tout homme sage en use ainsi.

Ce n'était pas au sermon que La Fontaine s'endormait alors d'ordinaire. La retraite de sa protectrice l'avait rendu à ses goûts, facilement, parfois grossièrement épicuriens. Il continua d'habiter chez Mme de la Sablière jusqu'au jour où elle mourut aux Incurables (8 janvier 1693) et où l'hôtel de M. d'Hervart s'ouvrit à lui; mais de moins sages influences dominèrent et compromirent sa vieillesse. Au moins, il sut garder intacte sa reconnaissance. Le livre XII des Fables, postérieur de dix années au Discours, en est la preuve touchante [1]. Mais c'est dans le Discours surtout qu'il avait pu s'acquitter d'une partie de sa dette, dans la seule circonstance où il ait eu à parler en public, le 2 mai 1684, jour de sa réception à l'Académie.

Pour bien comprendre le ton du poète dans ce discours, qui est à la fois une épître admirable et une confession naïve, il convient de ne pas oublier deux choses : la première, c'est la situation nouvelle que faisait à La Fontaine la conversion de Mme de la Sablière; la seconde, c'est la situation qu'il s'était faite à lui-même vis-à-vis de l'Académie et du roi.

La protectrice, lorsqu'elle revoyait celui qui restait son protégé, devait s'efforcer de lui faire entendre raison, le gronder doucement, l'engager à vivre enfin de la vie véritable, car il avoue lui-même qu'il n'a pas vraiment vécu. Mais il est moins capable que jamais de suivre ces avis, ou du moins de les suivre « en tout ». Un tel exemple de renoncement au monde l'effraie. Comment ne pas être découragé par la seule pensée des sacrifices qu'on lui demande? C'est beaucoup, « c'est trop ». L'exemple pourtant l'a touché; il a « presque envie » de l'imiter; mais son « tempérament » s'y oppose. Il se frappe la poitrine, mais il craint fort de retomber demain dans ses erreurs; il en est sûr, il s'y résigne. Ce qu'il faudrait faire, il le voit et le dit; mais il ne promet nulle part de le faire. Et il a raison, car, alors même qu'il promet, il n'a pas la force de tenir. Sur un seul point il avait semblé prendre un engagement formel, et l'abbé de la Chambre, directeur de l'Académie, qui répondait au récipiendaire, s'était écrié solennellement : « Songez que ces mêmes paroles que vous venez de prononcer, nous les insérerons sur nos registres; plus vous avez pris de peine à les polir et à les choisir, plus elles vous condamneraient un jour, si vos actions se trouvaient contraires, si vous ne preniez à tâche

---

[1]. Voyez *le Corbeau, la gazelle, la tortue et le rat*, dont le début est charmant :

> Je vous gardais un temple dans mes vers...

de joindre la pureté des mœurs et de la doctrine, la pureté du cœur et de l'esprit, à la pureté du style et du langage. »

Il s'agissait de la promesse faite par La Fontaine de ne plus écrire de Contes. Les *Contes* avaient été le grave motif qui décida le scrupuleux Louis XIV à refuser son approbation au choix que l'Académie française avait fait de La Fontaine, jusqu'au moment où Boileau fut élu à son tour. Dans l'intervalle, La Fontaine avait promis « d'être sage », et Mme de Thianges, sa protectrice, avait mis sous les yeux du roi une ballade toute contrite où le poète implorait sa grâce :

> Quelques esprits ont blâmé certains jeux,
> Certains récits, *qui ne sont que sornettes.*
> Si je défère aux leçons qu'ils m'ont faites,
> Que veut-on plus ? Soyez moins rigoureux,
> Plus indulgent, plus favorable qu'eux,
> Prince, en un mot, soyez ce que vous êtes.

Mais La Fontaine ne tarda pas à oublier sa promesse, et il s'en accuse, sans trop d'embarras, dans le prologue du conte de *la Clochette* :

> Oh ! combien l'homme est inconstant, divers,
> Faible, léger, tenant mal sa parole !
> J'avais juré, *même en assez beaux vers.*
> De renoncer à tout conte frivole ;
> Et quand juré ? c'est ce qui me confond ;
> Depuis deux jours j'ai fait cette promesse !
> Puis fiez-vous à rimeur qui répond
> D'un seul moment !

Au reste, La Fontaine, au témoignage de Pouget, son confesseur, ne pouvait, même après sa conversion, s'imaginer que ces *Contes* fussent un ouvrage si pernicieux et il projetait naïvement d'en faire une édition nouvelle pour en distribuer le profit aux pauvres. N'avait-il pas songé, naguère, à en dédier un au grand Arnauld ?

On cherchera, on aimera, dans ce discours que La Fontaine seul pouvait écrire, cette âme « inquiète » et légère, qui flotte entre l'idéalisme platonicien et l'épicurisme plus ou moins délicat, qui se connaît, se définit, s'accuse, et ne réussit pas à se faire condamner.

DISCOURS

A MME DE LA SABLIÈRE

(1684)

Désormais que ma muse, aussi bien que mes jours,
Touche de son déclin l'inévitable cours,
Et que de ma raison le flambeau va s'éteindre,
Irai-je en consumer les restes à me plaindre,
Et, prodigue d'un temps par la Parque attendu, 5
Le perdre à regretter celui que j'ai perdu ?
Si le Ciel me réserve encor quelque étincelle
Du feu dont je brillais en ma saison nouvelle,
Je la dois employer, suffisamment instruit
Que le plus beau couchant est voisin de la nuit. 10
Le temps marche toujours ; ni force, ni prière,
Sacrifices, ni vœux, n'allongent la carrière :

---

1. — *Désormais que*, puisque désormais, à partir de ce jour où.....; locution déjà rare au temps où La Fontaine l'employait. — Né en 1621, La Fontaine a soixante-trois ans. Sa « muse » pourtant n'est pas tout à fait épuisée, car l'*Épitre à Huet* est postérieure de trois ans.

6. — Comparez à ce début mélancolique le début du livre XII des *Fables*, publiées dix ans après. Il y dit tristement, et avec plus de raison qu'ici : « Mon esprit diminue ».

10. — La Fontaine aime ces comparaisons. Il dira du sage, dans *Philémon et Baucis* :

   Rien ne trouble sa fin : c'est le soir d'un beau jour.

11. Hâtons-nous : le temps fuit, et nous traîne après soi.
   (Boileau, Épître III.)

Il faudrait ménager ce qu'on va nous ravir.
Mais qui vois-je que vous sagement s'en servir ?
Si quelques-uns l'ont fait, je ne suis pas du nombre.   15
Des solides plaisirs je n'ai suivi que l'ombre ;
J'ai toujours abusé du plus cher de nos biens.
Les pensers amusants, les vagues entretiens,
Vains enfants du loisir, délices chimériques ;
Les romans, et le jeu, peste des républiques,   20

13. Ainsi jamais le temps ne remonte à sa source.
Vainement pour les dieux il fuit d'un pas léger ;
Mais vous autres, mortels, le devez ménager.
(La Fontaine, *Adonis*.)

14. — *Que vous*, autre que vous, si ce n'est vous. Ce tour elliptique est très fréquent chez Corneille et ses contemporains. — Mme de la Sablière n'était pas la seule à savoir se servir du temps ; mais on ne le ménageait guère dans la société des épicuriens que La Fontaine fréquentera de plus en plus jusqu'à sa conversion.

15. — Non, assurément, d'après ses propres aveux, complaisamment répétés. Voyez l'*Épitaphe d'un paresseux*, p. 17.

16. — Je n'ai poursuivi que la vaine apparence des vrais plaisirs. Cette antithèse a été souvent reprise par les prédicateurs. Bossuet dit, dans son sermon sur les *Obligations de l'état religieux* : « Tout ce qui paraît de plus solide n'est qu'une figure qui passe quand on en veut jouir, qu'une ombre fugitive qui disparaît. »

18. Mon cœur ne forma point de *pensers* assez fermes.
(Corneille, *Horace*, 708.)

Ces infinitifs pris substantivement étaient encore employés par Racine et même par André Chénier :

Je tremble au seul *penser* du coup qui le menace.
(Racine, *Andromaque*, 1405.)

Sur des *pensers* nouveaux faisons des vers antiques.
(A. Chénier, *l'Invention*.)

19. — « C'est, on le voit, une confession grave, ingénue, où l'onction religieuse et une haute moralité n'empêchent pas un reste de coup d'œil amoureux vers ces *chimériques délices* dont on est mal détaché. » (Sainte-Beuve.)

20. — On sait quel était le goût de La Fontaine pour les romans italiens ou français, pour Arioste ou d'Urfé. Le docte Huet, à qui il adressera son épître célèbre sur les anciens et les modernes, ne dédaignait pas d'écrire un traité *De l'origine des romans*. Mme de Sévigné aimait en la Calprenède les beaux coups d'épée et la pein-

Par qui sont dévoyés les esprits les plus droits,
Ridicule fureur qui se moque des lois ;
Cent autres passions, des sages condamnées,
Ont pris comme à l'envi la fleur de mes années.

    L'usage des vrais biens réparerait ces maux :   25.
Je le sais, et je cours encore à des biens faux.
Je vois chacun me suivre : on se fait une idole
De trésors ou de gloire ou d'un plaisir frivole.
Tantales obstinés, nous ne portons les yeux

ture des grandes âmes. Bien que Bossuet, dans l'*Oraison funèbre de Madame*, ait été plus sévère pour les romans et leurs fades héros, on est surpris de voir La Fontaine se reprocher à lui-même d'avoir suivi le goût du temps. D'ailleurs, *la Princesse de Clèves* avait été publiée ; mais c'est des romans d'aventures que La Fontaine veut parler. La passion du jeu est moins inoffensive : les correspondances, les mémoires et les sermons du temps, nous apprennent quels ravages elle exerça surtout dans la seconde partie du siècle. A la fin de son poème de *Psyché*, La Fontaine avait écrit :

    J'aime le jeu, les ris, les livres, la musique.....

C'est en 1696 que sera représenté *le Joueur*, de Regnard. Il est clair que c'est le jeu seul qui est la peste des républiques (des États), et le mot ne paraîtra pas trop fort à ceux qui connaissent l'histoire des mœurs de cette époque.

21. — N'y aurait-il pas ici une allusion à tel ami de Mme de la Sablière, comme le marquis de la Fare, le poète épicurien, que la fureur du jeu de la « bassette » avait détaché d'elle, et dont l'indifférence lui avait causé un si vif chagrin ?

22. — Cette colère du bon La Fontaine fait un peu sourire ; en s'attaquant à cette « ridicule fureur », c'est à lui-même qu'il s'en prend, et c'est contre sa propre faiblesse qu'il invoque le secours des lois.

26. — C'est presque le mot du poète :

    Video meliora proboque,
    Deteriora sequor.....
    « Je vois le bien, je l'aime, et je cours après le mal. »

27. — *Chacun* ; il y avait bien quelques exceptions, mais La Fontaine n'en soupçonne pas l'existence, ou veut l'ignorer. — Une idole, c'est proprement une image vaine, à laquelle on voue un culte vain comme elle.

29. — Dans notre aveugle obstination, nous nous imposons le supplice de ce Tantale, qui, pour éprouver les dieux, leur fit servir

Que sur ce qui nous est interdit par les Cieux. 30
Si faut-il qu'à la fin de tels pensers nous quittent ;
Je ne vois plus d'instants qui ne m'en sollicitent.
Je recule, et peut-être attendrai-je trop tard :
Car qui sait les moments prescrits à son départ ?
Quels qu'ils soient, ils sont courts ; à quoi les emploierai-je ? 35
 Si j'étais sage, Iris (mais c'est un privilège
Que la nature accorde à bien peu d'entre nous),
Si j'avais un esprit aussi réglé que vous,
Je suivrais vos leçons, au moins en quelque chose :
Les suivre en tout, c'est trop : il faut qu'on se propose 40
Un plan moins difficile à bien exécuter,
Un chemin dont sans crime on se puisse écarter.

les membres de son fils Pélops, et qui était condamné, dans les Enfers, à une soif éternelle, au milieu d'un étang où il s'efforçait en vain de boire. La Fontaine avait déjà dit dans *Psyché* :

> Tantale aux eaux du Styx portait en vain sa bouche,
> Toujours proche d'un bien que jamais il ne touche.

31. *Si faut-il* une fois brûler d'un feu durable.
(La Fontaine, *Élégies*, 3.)

Si faut-il, et pourtant il faut.... Malherbe, Corneille, commencent de la même façon plusieurs vers ; mais Corneille, dans quelques éditions postérieures à la première, se corrige, ce qui prouve que la locution commence à vieillir. Pascal et Molière l'emploient encore dans la prose.

33. — Ce *peut-être* est bien menaçant dans sa bonhomie : La Fontaine se connaît bien.

34. — Voyez *la Mort et le Mourant* (Fables, VIII, 1).

36. — C'est de ce nom que La Fontaine appelle d'ordinaire sa protectrice : voyez le début de la fable 1 du livre X. — Remarquez le *si* et le *mais*. Le poète ne s'avance qu'avec précaution sur un terrain dangereux, et prend soin de s'assurer une retraite. De même, plus bas : *au moins* en quelque chose. C'est ce mélange d'abandon et de finesse, d'aveux spontanés et de promptes réticences qui fait l'originalité piquante de ce morceau.

40. — *Les suivre en tout*. C'eût été trop, en effet, pour la bonne volonté mal affermie du poète : car Mme de la Sablière menait aux Incurables la vie la plus austère.

42. — Encore une façon plaisamment prudente de réserver l'avenir. *Sans crime* surtout est ingénieusement naïf. La Fontaine

Ne point errer est chose au-dessus de mes forces :
Mais aussi, de se prendre à toutes les amorces,
Pour tous les faux brillants courir et s'empresser, 45
J'entends que l'on me dit : « Quand donc veux-tu cesser?
Douze lustres et plus ont roulé sur ta vie :
De soixante soleils la course entresuivie

prévoit que la grande route toute droite lui semblera bientôt monotone : il est l'homme des détours, des *erreurs* charmantes, mais il souhaite de pouvoir errer sans être *trop* criminel.

43. — *Ne point errer* çà et là, ne point m'égarer, dans le sens du latin *errare*. L'abbé Vergier, secrétaire des d'Hervart, écrivait à La Fontaine déjà vieux :

> Hé! qui pourrait être surpris
> Lorsque La Fontaine s'égare?
> Tout le cours de ses ans n'est qu'un tissu d'*erreurs*,
> Mais d'erreurs pleines de sagesse.

44. — *De se prendre*, pour ce qui est de se prendre. La construction de la phrase est rompue : *de se prendre... j'entends*. — *Amorce*, tout ce qui amorce, tout ce qui attire :

> Mais au lieu de goûter ces grossières *amorces*,
> Sa vertu combattue a redoublé ses forces.
> (Corneille, *Cinna*, 1680.)
> Craignez d'un vain plaisir les trompeuses *amorces*.
> (Boileau, *Art poétique*, I.)

45. — Un *faux brillant*, c'est proprement un diamant faux, d'où le sens figuré : ce qui éblouit par un éclat trompeur. Dans la critique littéraire, ce mot désigne les pensées plus spécieuses que vraies; il est moins usité dans le sens moral; Corneille a dit pourtant : « un *faux brillant* d'honneur » (*Sertorius*).

46. — *On*, ce sont les amis qui, comme Mme de la Sablière, essayent de faire entendre raison à ce grand enfant.

47. — *Et plus*. Le lustre n'est, en effet, que de cinq ans, et La Fontaine en avait soixante-trois. Le lustre, c'était la cérémonie expiatoire qui avait lieu tous les cinq ans à la clôture du cens (*lustrum*, *lustrare*, purifier); d'où l'idée de période quinquennale; d'où le mot *rouler*, qui s'applique à la *révolution* des années.

48. — *La course entresuivie*. La Fontaine a employé cette même expression dans la fable de *l'Horoscope* (VIII, XVI). — *Entresuivie* équivaut, non pas à *suivie*, mais, au contraire, à *entrecoupée*. La Fontaine veut caractériser par là ce qu'il y a eu d'inquiet et, pour ainsi dire, de saccadé dans sa vie passée, faite de ces soixante (et

Ne t'a pas vu goûter un moment de repos ;
Quelque part que tu sois, on voit à tout propos   50
L'inconstance d'une âme en ses plaisirs légère,
Inquiète, et partout hôtesse passagère ;
Ta conduite et tes vers, chez toi tout s'en ressent :
On te veut là-dessus dire un mot en passant.
Tu changes tous les jours de manière et de style ;   55
Tu cours en un moment de Térence à Virgile :
Aussi rien de parfait n'est sorti de tes mains.
Eh bien ! prends, si tu veux, encor d'autres chemins :

trois) révolutions de soleil. Ce sens est plus précis encore dans ce passage de *Daphné* (II, 1).

> Ces plaisirs passeront : tout passe dans la vie ;
> De différents désirs elle est *entresuivie*.
> On y change d'humeur, on y change d'envie.

52. — *Inquiète*, qui ne sait où se reposer, ni même, pour ainsi dire, où se poser. Il ne s'agit pas des inquiétudes qui ont pu tourmenter le poète, mais de la mobilité d'une âme sans cesse en mouvement, qui ne s'arrête à rien et ne se contente de rien. — *Hôtesse passagère* éclaire ce sens par une vive image : l'âme inquiète ne saurait séjourner longtemps nulle part. La Fontaine s'est ici presque copié lui-même. Il dit dans ses Élégies, mais avec moins de charme :

> La folle inquiétude, en ses plaisirs légère,
> Des lieux où l'on la porte hôtesse passagère.

54. — *En passant*, seulement comme il convient à un ami, sans appuyer ni transformer en sermon la douce gronderie.

55. — Certains contemporains lui adressaient, en effet, ce reproche. Dans une lettre (6 mars 1671) où elle témoigne son admiration pour les *Fables*, même pour les *Contes*, Mme de Sévigné redoute pour La Fontaine qu'il ne force son esprit « à sortir de son génie » : « La folie de vouloir chanter sur tous les tons fait une mauvaise musique... Il ne faut point qu'il sorte du talent qu'il a de conter... » La Fontaine avait écrit des ballades, des poèmes plus développés, comme *Adonis* et *Psyché*, des élégies, des épîtres, même de petites odes.

56. — La Fontaine avait débuté dans la littérature par une traduction libre de *l'Eunuque* de Térence.

57. — L'ami ou l'amie qui parle est sévère jusqu'à l'injustice : car La Fontaine a déjà publié onze livres des *Fables* sur douze.

Invoque des neuf Sœurs la troupe tout entière :
Tente tout, au hasard de gâter la matière : 60
On le souffre, excepté les Contes d'autrefois. »
J'ai presque envie, Iris, de suivre cette voix ;
J'en trouve l'éloquence aussi sage que forte,
Vous ne parleriez pas ni mieux, ni d'autre sorte :
Serait-ce point de vous qu'elle viendrait aussi ? 65
Je m'avoue, il est vrai, s'il faut parler ainsi,
Papillon du Parnasse, et semblable aux abeilles
A qui le bon Platon compare nos merveilles ;

61. — Sur les promesses faites par La Fontaine au sujet des *Contes* et sur la façon dont il les a tenues, voyez la Notice.

62. — *Presque*, mot charmant, et qui n'est pas là seulement pour faire le vers.

65. — *Aussi*, rejeté à la fin du vers, signifie : aussi bien, ne serait-ce pas vous-même qui me tiendriez ce langage ? La suppression de la négation, si fréquente alors et même aujourd'hui, donne au tour plus de vivacité et d'abandon. — L'on n'a point de peine à deviner que, plusieurs fois déjà, tout récemment peut-être, Mme de la Sablière convertie a voulu convertir le bonhomme, ou tout au moins donner à sa vie et à son esprit quelque chose de plus « réglé ».

68. — Le *bon* Platon (cette épithète étonne un peu ceux qui admirent surtout la hauteur de cette philosophie et de cette poésie platoniciennes) était fort goûté par le bon La Fontaine. Louis Racine dit, non sans quelque exagération, il est vrai, qu'en société La Fontaine ne parlait pas, ou « voulait toujours parler de Platon ». Ici, La Fontaine fait allusion à ce passage du dialogue de Platon, intitulé *Ion ou de la Poésie* : « Les poètes nous disent des poésies qu'ils apportent, qu'ils les puisent dans ces fontaines où coule le miel, dans les jardins et les prairies des Muses, où ils voltigent, comme les abeilles auxquelles ils ressemblent. Et ils disent vrai : car le poète est un être léger, ailé, sacré. » (Trad. Hallberg.) Les abeilles, consacrées à Jupiter, passaient pour avoir en elles une parcelle de l'âme divine et Virgile s'en est souvenu au quatrième chant des *Géorgiques*. Aussi cette comparaison est-elle devenue presque banale. Dans l'édition des Grands Écrivains, M. Régnier cite : Euripide, *Hercule furieux*, V, 487-489 ; Pindare, *Pythique* X ; Lucrèce, III, 11-12 ; Horace, *Odes*, IV, 2 ; Boileau, *Discours au roi*, 74-75 ; J.-B. Rousseau, *Ode au comte du Luc*. Voyez plus haut cette même comparaison employée dans *Psyché*, p. 13.

Je suis chose légère, et vole à tout sujet,
Je vais de fleur en fleur et d'objet en objet ; 70
A beaucoup de plaisir je mêle un peu de gloire.
J'irais plus haut peut-être au temple de Mémoire,
Si dans un genre seul j'avais usé mes jours ;
Mais quoi ! je suis volage en vers comme en amours.
En faisant mon portrait, moi-même je m'accuse, 75

69. — *A tout sujet*, parce qu'il n'en veut « prendre que la fleur ». Au début de *Psyché*, il s'est peint lui-même sous les traits de Polyphile, celui qui « aimait toutes choses ».

71. — *Un peu*, c'est d'un orgueil modeste. Il a dit au dauphin dans le prologue de ses *Fables* :

> J'aurai du moins *l'honneur* de l'avoir entrepris ;

et, au début du livre IX :

> Grâce aux filles de Mémoire,
> J'ai chanté des animaux ;
> Peut-être d'autres héros
> M'auraient acquis *moins de gloire*.

72. — Le temple de Mémoire, c'est le temple tout idéal où la postérité consacre le souvenir et inscrit les noms des hommes illustres.

74.
> On m'a pourvu d'un cœur peu content de lui-même,
> Inquiet, et fécond en nouvelles amours ;
> Il aime à s'engager, mais non pas pour toujours.
> (La Fontaine, *Élégies*, 3.)

En 1691, écrivant à Mme d'Hervart, il laisse entendre qu'il vaut seulement par le cœur :

> Le reste du composé
> Est l'être le plus volage
> Dont Dieu se soit avisé.

« La Harpe observe sur ces vers, qu'après les *Fables* et les *Contes*, il n'était guère possible à La Fontaine d'aller plus haut ; que les différents genres qu'il a essayés n'étaient pas cependant tous étrangers à son génie, et nous ont valu des ouvrages assez agréables pour qu'on lui sache gré de s'en être occupé. On peut ajouter avec vérité que, quand La Fontaine s'est écarté tout à fait des genres qui lui étaient propres, ce fut pour céder aux instances de ses amis, auxquels il ne savait pas résister, et qui abusaient de la facilité de son caractère. » (Walckenaër, *Histoire de la vie et des ouvrages de J. de La Fontaine*.)

75. — Il le sent, mais il sent aussi que la candeur de cet acte d'accusation involontaire disposera le lecteur à l'absoudre.

Et ne veux point donner mes défauts pour excuse ;
Je ne prétends ici que dire ingénument
L'effet bon ou mauvais de mon tempérament.
A peine la raison vint éclairer mon âme
Que je sentis l'ardeur de ma première flamme ; 80
Plus d'une passion a depuis dans mon cœur
Exercé tous les droits d'un superbe vainqueur.
Tel que fut mon printemps, je crains que l'on ne voie
Les plus chers de mes jours aux vains désirs en proie.
 Que me servent ces vers avec soin composés ? 85
N'en attends-je autre fruit que de les voir prisés ?
C'est peu que leurs conseils, si je ne sais les suivre,
Et qu'au moins vers ma fin je ne commence à vivre.
Car je n'ai pas vécu ; j'ai servi deux tyrans :
Un vain bruit et l'amour ont partagé mes ans. 90

 76. — A merveille ; mais il les fait si aimables qu'on n'a pas le courage de lui en vouloir.
 77. — Parler de son ingénuité, d'ordinaire, c'est donner à croire qu'elle n'est pas entière. La Fontaine en parle aussi dans son discours de réception à l'Académie, qui n'est pas si ingénu. Mais cette ingénuité ingénieuse n'appartient qu'à lui.
 78. — *Tempérament*, voilà un mot qu'on n'aime pas à rencontrer ici ; il nous ramène un peu brutalement à l'épicurisme de La Fontaine, ami d'épicuriens moins délicats encore. La Fare, Vendôme et Chaulieu ne sont pas loin, ni le xviii° siècle.
 80. — Ces confidences paraîtront singulières si l'on songe qu'elles sont faites aux académiciens assemblés. Tout ce passage est dans le ton froidement galant d'un Benserade plus que d'un La Fontaine.
 83. — *Je crains*. Il nous a déjà fait part de ses inquiétudes trop fondées à ce sujet. Décidément, il craint trop les rechutes pour n'y être pas résigné d'avance.
 88. — *Au moins* est si naïf que nous sommes désarmés. Il serait temps, en effet, de commencer à vivre de la véritable vie, s'il est vrai qu'il ne l'ait pas connue.
 89. — *Pas vécu*, pas vraiment vécu. Il semble faire là une découverte soudaine, et il éprouve le besoin de la communiquer à ceux qui l'écoutent.
 90. — Ce vain bruit, c'est la gloire ; mais La Fontaine était trop nonchalant pour connaître les tourments de l'ambition, même d'une

Qu'est-ce que vivre, Iris? vous pouvez nous l'apprendre.
Votre réponse est prête; il me semble l'entendre :
C'est jouir des vrais biens avec tranquillité,
Faire usage du temps et de l'oisiveté,
S'acquitter des honneurs dus à l'Être suprême, 95
Renoncer aux Philis en faveur de soi-même,
Bannir le fol amour et les vœux impuissants,
Comme hydres dans nos cœurs sans cesse renaissants.

ambition d'auteur. Il oublie le « somme », et la table et le plaisir, si longuement savouré, de « ne rien faire ».

92. — Ici nous rentrons dans le sérieux et dans la vérité : c'est Mme de la Sablière qui reprend la parole et, nous aussi, nous croyons l'entendre.

95. — L'Être suprême avait été un peu oublié. On a vu pourtant, par le fragment d'une lettre à Saint-Evremond, recueilli dans l'Introduction, que La Fontaine se défend d'être incrédule, et rend ses hommages à celui qu'il y appelle l'auteur du monde.

96. — C'est-à-dire : renoncer aux vaines amours dans l'intérêt même de son repos, et appliquer ses soins à régler son âme en l'épurant. — « Sincère, éloquente, sublime poésie, d'un tour singulier, où la vertu trouve moyen de s'accommoder avec l'oisiveté, où les Philis se placent à côté de l'Être suprême, et qui fait naître un sourire dans une larme ». (Sainte-Beuve.)

98. — Qui renaissent dans nos cœurs comme renaîtraient des hydres ou plutôt comme renaissaient les têtes de l'hydre de Lerne à mesure qu'on les abattait. Pascal a dit : « Les passions sont toujours vivantes dans ceux qui y veulent renoncer »; et La Rochefoucauld : « Il y a dans le cœur humain une génération perpétuelle de passions, en sorte que la ruine de l'une est presque toujours l'établissement d'une autre ». — Le bonhomme, à la fin de son discours, se révèle moraliste, mais cette belle morale qu'il met dans la bouche de Mme de la Sablière le dispense de conclure en son propre nom. Il s'est confessé, accusé même, mais au dernier moment, il se dérobe.

ÉPITRE

A MGR L'ÉVÊQUE DE SOISSONS

NOTICE

SUR L'ÉPITRE A HUET

Le 27 janvier 1687, Charles Perrault, le futur auteur des *Contes de fées* [1], lisait à l'Académie un poème intitulé *Le siècle de Louis-le-Grand*, dont le prétexte était l'éloge du roi, convalescent alors d'une grave maladie, mais dont le but réel était d'égaler aux anciens, trop vantés à son gré, les modernes, trop peu estimés. Ses frères, Pierre et Claude Perrault, après Descartes, après Boisrobert, Desmarets, et Fontenelle, avaient protesté comme lui contre l'idolâtrie de l'antiquité ; mais jamais plaidoyer en faveur des modernes n'avait affecté la forme d'une démonstration aussi directe ni aussi agressive contre les anciens. Dès le début, la question était posée avec une netteté hardie :

> La belle antiquité fut toujours vénérable ;
> Mais je ne crus jamais qu'elle fût adorable.
> Je vois les anciens sans plier les genoux :
> Ils sont grands, il est vrai, mais hommes comme nous,
> Et l'on peut comparer, sans craindre d'être injuste,
> Le siècle de Louis au beau siècle d'Auguste.

Presque aussitôt les hostilités sont déclarées : Platon lasse la patience du lecteur le plus résolu ; Aristote, tombé dans le décri, n'a plus d'autorité même auprès des régents de collège.

---

1. Sainte-Beuve a observé que les *Contes* de Perrault fournissent un argument contre lui : « car ce fonds d'imagination merveilleuse et enfantine appartient nécessairement à un âge ancien et très antérieur... Il y a donc un âge pour certaines fictions et certaines crédulités heureuses, et si la science du genre humain s'accroît incessamment, son imagination ne fleurit pas de même. »

Combien nos savants sont supérieurs à ceux d'autrefois! L'astronomie a découvert mille mondes nouveaux : le microscope nous a revélé l'infiniment petit ; l'anatomie nous a livré les secrets du corps humain, et nous n'ignorons plus comment le sang circule dans nos veines. Sans doute, les anciens conservent la supériorité de l'éloquence, mais pourquoi? parce que les grands sujets manquent à nos orateurs, réduits à discuter sur un lopin de terre usurpé ou sur des servitudes d'égoût. Qu'eussent fait les Démosthènes et les Cicéron, si on les avait emprisonnés dans ce cercle étroit?

>   Si leur haute éloquence, en ses démarches fières,
>   Refuse de descendre à ces viles matières,
>   Que nos grands orateurs soient assez fortunés
>   Pour défendre comme eux des clients couronnés,
>   Ou qu'un grand peuple en foule accoure les entendre
>   Pour déclarer la guerre au père d'Alexandre.
>   Plus qu'eux peut-être alors diserts et véhéments
>   Ils donneraient l'essor aux plus grands mouvements ;
>   Et si, pendant le cours d'une longue audience,
>   Malgré les traits hardis de leur vive éloquence,
>   On voit nos vieux Catons, sur leurs riches tapis,
>   Tranquilles auditeurs et souvent assoupis,
>   On pourrait voir alors, au milieu d'une place,
>   S'émouvoir, s'écrier l'ardente populace.

Mais imitera-t-on jamais l'inimitable Homère? Perrault proteste de son respect pour ce vaste et puissant génie. Cependant, s'il fût né en France au xviie siècle, « cent défauts », imputables au siècle où il naquit, ne profaneraient pas ses ouvrages ; il n'ennuierait pas le lecteur par de longues généalogies des héros, par la description du bouclier d'Achille, vraiment trop « chargé d'ouvrage », par ses digressions, ses allégories excessives, ses « doctes rêveries ». Ménandre, Virgile, Ovide, sont des poètes immortels, mais étaient méconnus de leurs contemporains (cela est faux et, d'ailleurs, n'est pas un argument en faveur de la thèse soutenue par Charles Perrault). Nous avons aussi nos poètes, dignes de leur être opposés :

>   Dans quel haut rang d'honneur ne devront point tenir,
>   Dans les fastes sacrés des siècles à venir,
>   Les Régniers, les Maynards, les Gombauds, les Malherbes,
>   Les Godeaux, les Racans, dont les écrits superbes,

> En sortant de leur veine et dès qu'ils furent nés,
> D'un laurier immortel se virent couronnés !
> Combien seront chéris par les races futures
> Les galants Sarrazins et les tendres Voitures,
> Les Molières naïfs, les Rotrous, les Tristans,
> Et cent autres encor, délices de leur temps !
> Mais quel sera le sort du célèbre Corneille,
> Du théâtre français l'honneur et la merveille,
> Qui sut si bien mêler aux grands événements
> L'héroïque beauté des nobles sentiments !

Cette énumération est un peu mêlée : on s'étonne d'y trouver Godeau et Tristan près de Molière et de Corneille : mais le départ n'était pas fait encore entre les renommées passagères et les gloires durables; puis, les plus illustres d'entre les modernes qui vivaient alors, La Fontaine, Racine, Boileau, Bossuet, se déclaraient eux-mêmes fort inférieurs aux anciens; on ne pouvait citer et louer des adversaires qui s'obstinaient ainsi à rabaisser leur propre mérite. Perrault est plus fort lorsqu'il promène ses regards « à loisir » sur les Beaux-Arts, sur la peinture, où les modernes seuls ont connu

> Du clair et de l'obscur l'heureux ménagement,

et qui s'honore de Lebrun ; sur la sculpture, qui peut nommer Girardon, les deux Gaspard, Baptiste ; sur l'architecture, dont le chef-d'œuvre est Versailles, véritable ville, arrosée d'eaux jaillissantes, encadrée de jardins près desquels les jardins tant vantés d'Alcinoüs paraîtraient tout au plus « les rustiques jardins de nos bons vignerons » ; sur la musique, art très imparfait chez les Grecs, perfectionné par un Lulli, et qui va, non content d'émouvoir les passions,

> Au plus haut de l'esprit charmer la raison même.

La raison ! Perrault est plus voisin de Boileau qu'il ne le croit. Mais Boileau n'eût point souscrit plus que La Fontaine à l'enthousiaste description qu'il fait de l'opéra. Le ton se relève et l'argumentation semble moins attaquable lorsque Perrault affirme que la nature n'est pas lasse de produire des grands hommes :

A former les esprits comme à former les corps
La Nature en tout temps fait les mêmes efforts ;
Son être est immuable, et cette force aisée
Dont elle produit tout, ne s'est point épuisée.

Le poème s'achève par une sorte d'apothéose de Louis le Grand.

C'est le point de départ de la querelle des Anciens et des Modernes, au moins de la première partie, de celle qui est marquée par l'*Épître à Huet*, de La Fontaine, le *Parallèle des anciens et des modernes*, de Perrault, réponse à ceux qui, comme Racine, avaient affecté de voir dans son poème une excellente plaisanterie, et par les *Réflexions critiques* de Boileau. Mais les répliques de Boileau seront encore des satires, trop souvent emportées ; l'Épître de La Fontaine est vraiment une épître, une causerie pleine de grâce et d'abandon, où la « douleur » de voir les anciens méprisés ne dégénère pas un seul moment en colère.

Pourquoi l'adresse-t-il à Pierre-Daniel Huet (1630-1721) ? Évêque de Soissons alors, Huet n'avait jamais pris possession de son évêché, et devait l'échanger en 1689 contre l'évêché d'Avranches. Ce prélat avait commencé par être un « honnête homme » dont l'esprit était estimé des uns, redouté des autres. Lecteur de Mlle de Montpensier, il avait fait imprimer à Caen ces portraits de société, nés dans cet entourage un peu précieux de la grande Mademoiselle, et qui mirent les portraits à la mode. Correspondant de Ménage, il était lié avec plusieurs des écrivains du temps dont Molière et Boileau ruinèrent la réputation. Sceptique, sauf en religion, il fut pourtant choisi, à quarante ans, comme sous-précepteur du Dauphin, charge qui fut, d'ailleurs, presque une sinécure, grâce à l'infatigable activité du précepteur en titre, Bossuet. C'est qu'il était « l'homme de la plus vaste lecture qui fut jamais, le dernier de cette forte race des savants du xve et du xvie siècle [1] ». Aussi considérait-il volontiers l'antiquité comme sienne. Quand, pendant la lecture de Perrault, Boileau s'agitait, criait qu'une

---

1. Sainte-Beuve, *Causeries du lundi*, II.

telle lecture était « une honte pour l'Académie », Huet, assis à ses côtés, s'efforçait de le calmer : « Monsieur Despréaux, lui disait-il, avec une amicale ironie, il me semble que cela nous regarde encore plus que vous. » Plus tard quand Perrault, toujours courtois, lui eut envoyé son *Parallèle* en sollicitant son avis, Huet lui répondit par une lettre assez rude.

Ce savant aimait la nature et ne se plaisait nulle part mieux que dans sa solitude d'Aunay : il est vrai qu'il s'y renfermait pour y travailler plus librement. Malgré tout, plus d'un goût commun l'unissait à La Fontaine. Mais c'est de ce jour seulement, semble-t-il, que date leur liaison. Huet raconte dans ses *Mémoires* latins (il était poète latin aussi et s'en faisait gloire) qu'il eut le bonheur, en cette année 1687, de voir s'accroître encore le nombre de ses amis. Il avait manifesté devant La Fontaine le désir de connaître la traduction italienne qu'Orazio Toscanella avait faite de Quintilien (Venise, 1566 à 1584); La Fontaine s'empressa de la lui envoyer, et il y joignit l'Épître dont la sortie de Perrault contre les anciens lui avait inspiré l'idée. A l'Académie, il avait gardé le silence pendant la lecture du *Siècle de Louis le Grand*; tel il se représente, ici même, en face des modernes arrogants : « J'écoute, et ne dis rien ». Il sut dire son mot pourtant et ce mot, avec la *Lettre à l'Académie* de Fénelon, qui illustrera la seconde période de la querelle, est assurément ce que cette querelle nous a laissé de meilleur.

Sur le fond de la question, tout a été dit, et il paraît inutile, soit de refaire ici l'*Histoire de la querelle des anciens et des modernes*, fort bien faite par M. Rigault, soit de discuter les opinions diverses émises depuis le *Dialogue des orateurs* de Tacite jusqu'au poème de Perrault, ou même jusqu'aux écrits de nos contemporains, romantiques ou réalistes, qui ont abordé à leur tour cette question toujours en litige, car le point de vue seul change, le fond du problème ne change pas. Quelques-uns croient le résoudre par un mot spirituel ou décisif. Fontenelle dira : « La question générale de prééminence se réduit à savoir si les arbres d'autrefois étaient plus grands que ceux d'aujourd'hui »; et encore : « Nous autres, modernes, nous sommes supérieurs aux anciens, car, étant montés sur leurs épaules, nous voyons plus loin qu'eux ». Un trait, une image n'est pas une solution. Il ne s'agit pas de savoir si nous voyons plus loin que les anciens (et c'est à eux que nous le devrions encore, puisque nous ne le pouvons que montés sur leurs épaules), mais si, dans la jeunesse du monde, ils n'ont pas réalisé un idéal de beauté simple et harmonieuse que toute notre civilisation, plus avancée que la leur — et justement parce qu'elle est plus avancée, — ne nous permettrait pas de ressaisir, si nous ne les prenions pas pour modèles et pour guides.

L'esprit cartésien, que Huet traitait de barbare, qui avait pénétré lentement tout le siècle, était un esprit d'indépendance vis-à-vis de la tradition antique. S'il avait conquis Mme de la Sablière, il n'avait pas conquis La Fontaine. Mais pour n'être pas cartésien, celui-ci n'avait pas abdiqué toute indépendance et, plus que tout autre, en imitant, il créait. Les plus fiers écrivains de ce temps savaient fort bien concilier le respect dû aux anciens avec l'intelligence des besoins nouveaux de la pensée et de la société modernes. Comme Bacon, comme Descartes, Pascal observait qu'à parler vrai, ce sont les modernes qui sont les anciens : « C'est en nous que l'on peut trouver cette antiquité que nous révérons dans les autres », car « toute la suite des hommes, pendant le cours de tous les siècles, doit être considérée comme un même homme qui subsiste toujours et qui apprend continuellement ». Le fragment du *Traité du vide* est très net et très fort sur ce point : « Partageons avec plus de justice, y dit Pascal, notre crédulité et notre défiance, et bornons ce respect que nous avons pour les anciens : *comme la raison le fait naître, elle doit aussi le mesurer.* » Bossuet, le jour même de sa réception à l'Académie, relevait hardiment les modernes en face des anciens : « Il fallait, disait-il, pour la gloire de la nation, former la langue française, afin qu'affranchis de la sujétion d'être toujours de faibles copies, nous puissions enfin aspirer à la gloire des originaux ». Boileau lui-même, dans sa *Lettre à Perrault*, qui clôt la première période de la querelle, accorde à son adversaire que le siècle de Louis XIV s'est rendu, non seulement comparable, mais supérieur à tous les plus fameux siècles de l'antiquité et même au siècle d'Auguste. Au fond, La Fontaine le pensait bien aussi, lui, qui dans ses prologues, ses épilogues, ses préfaces, unit à une modestie si sincère une si claire conscience de son mérite original. La théorie toute classique de l'imitation originale n'est, nulle part, définie avec plus de force et de grâce à la fois que dans l'*Épître à Huet*. Boileau y apporte une raideur plus dogmatique, La Bruyère, une ironie plus agressive à l'égard des modernes ennemis des anciens, Fénelon, un parti pris trop marqué de ne trouver, de ne chercher la simplicité vraie et la vraie beauté que chez Homère, Démosthènes et les Pères. Mais La Fontaine touche et persuade justement parce qu'il ne songe à faire ni un plaidoyer dans les règles ni une démonstration didactique. Longtemps après lui, un autre poète, André Chénier, dira les mêmes choses presque de même façon; l'*Épître à Lebrun* sera pour le XVIIIe siècle ce que l'*Épître à Huet* est pour le XVIIe.

> Souvent des vieux auteurs j'envahis les richesses;
> Plus souvent leurs écrits, aiguillons généreux,
> M'embrasent de leur flamme *et je crée avec eux*.

Toutefois, une différence vaut la peine d'être notée : au XVIIe siècle, du moins en sa seconde partie, on est surtout préoccupé de la nécessité de l'imitation; au XVIIIe siècle, on ose créer, moins *après* les anciens qu'*avec* eux, et, si l'on fait des vers antiques, c'est « sur des pensers nouveaux ». Il serait curieux de comparer, à ce point de vue, aux vers de La Fontaine ceux d'André Chénier, non plus dans l'*Épître à Lebrun*, mais dans le poème de *l'Invention*.

> Les coutumes d'alors, les sciences, les mœurs
> Respirent dans les vers des antiques auteurs.
> Leur siècle est en dépôt dans leurs nobles volumes.
> Tout a changé pour nous, mœurs, sciences, coutumes.
> Pourquoi donc nous faut-il, par un pénible soin,
> Sans rien voir près de nous, voyant toujours bien loin,
> Vivant dans le passé, laissant ceux qui commencent,
> Sans penser écrivant d'après d'autres qui pensent,
> Retraçant un tableau que nos yeux n'ont point vu,
> Dire et dire cent fois ce que nous avons lu?...
> Tous les arts sont unis : les sciences humaines
> N'ont pu de leur empire étendre les domaines

> Sans agrandir aussi la carrière des vers.
> Quel long travail pour eux a conquis l'univers!...
> Qui que tu sois enfin, ô toi, jeune poète,
> Travaille, ose achever cette illustre conquête.
> De preuves, de raisons, qu'est-il encor besoin?
> Travaille : un grand exemple est un puissant témoin.
> Montre ce qu'on peut faire en le faisant toi-même.
> Si pour toi la retraite est un bonheur suprême,
> Si chaque jour les vers de ces maîtres fameux
> Font bouillonner ton sang et dressent tes cheveux.
> Si tu sens chaque jour, animé de leur âme,
> Ce besoin de créer, ces transports, cette flamme,
> Travaille......................................
> Oh! qu'ainsi parmi nous des esprits inventeurs
> De Virgile et d'Homère atteignent les hauteurs,
> Sachent dans la mémoire avoir comme eux un temple,
> Et sans suivre leurs pas imiter leur exemple,
> Faire, en s'éloignant d'eux avec un soin jaloux,
> Ce qu'eux-mêmes feraient s'ils vivaient parmi nous!
> Que la nature seule, en ses vastes miracles,
> Soit leur Fable et leurs dieux, et ses lois leurs oracles.

Cet appel est déjà celui d'un conquérant, et nous sommes bien loin des confidences attristées ou souriantes du bon La Fontaine, si naïvement respectueux de Quintilien. Est-ce la sympathie que nous inspire l'avocat qui nous fait paraître son plaidoyer si persuasif? En apparence, les idées de Perrault ont triomphé; mais nous sentons mieux que lui le charme de la simplicité primitive, et alors même que sa doctrine — celle du progrès — s'impose à notre esprit, notre cœur est du côté de La Fontaine.

ÉPITRE
A Mgr L'ÉVÊQUE DE SOISSONS

EN LUI DONNANT UN QUINTILIEN DE LA TRADUCTION
D'ORAZIO TOSCANELLA

(1687)

Je vous fais un présent capable de me nuire.
Chez vous Quintilien s'en va tous nous détruire;
Car enfin qui le suit? qui de nous aujourd'hui
S'égale aux anciens, tant estimés chez lui?
Tel est mon sentiment, tel doit être le vôtre.   5
Mais, si votre suffrage en entraîne quelque autre,
Il ne fait pas la foule, et je vois des auteurs
Qui, plus savants que moi, sont moins admirateurs.
Si vous les en croyez, on ne peut sans faiblesse

2. — Non, Quintilien, honnête homme, et bon rhéteur, mais sans grande largeur d'esprit, ne saurait « détruire », par la comparaison qui sera faite entre eux et lui, tous les modernes. Surtout ses préceptes savants ne prévaudront pas contre le naturel de La Fontaine.
4. — *S'égale aux anciens*, non pas *s'estime l'égal*, mais : se rend l'égal des anciens, s'élève à leur niveau.
5. — Il le connaissait trop pour en douter un seul moment.
7. — Le parti des modernes était déjà très fort à l'Académie, et surtout dans le monde, parmi les « honnêtes gens » et les femmes.
8. — *Plus savants que moi*, suppléez : sans doute. Ce n'est point sans ironie que La Fontaine affecte d'accorder à ses adversaires cette supériorité de la science. Perrault avait dit dans son poème, en parlant de l'antiquité :

..... De nos jours, sans trop de confiance,
On lui peut disputer le prix de la science.

Rendre hommage aux esprits de Rome et de la Grèce. 10
« Craindre ces écrivains! on écrit tant chez nous!
La France excelle aux arts, ils y fleurissent tous;
Notre prince avec art nous conduit aux alarmes,
Et sans art nous louerions le succès de ses armes!
Dieu n'aimerait-il plus à former des talents? 15
Les Romains et les Grecs sont-ils seuls excellents? »
Ces discours sont fort beaux, mais fort souvent frivoles :
Je ne vois point l'effet répondre à ces paroles ;
Et, faute d'admirer les Grecs et les Romains,
On s'égare en voulant tenir d'autres chemins. 20
   Quelques imitateurs, sot bétail, je l'avoue,

11. — *On écrit tant.* Ce résumé des idées exposées par Perrault est légèrement perfide. Perrault avait comparé la qualité, non la quantité des écrits.

12. — C'est, en effet, à établir la supériorité de l'art moderne sous tous ses aspects qu'est consacrée la plus grande partie du poème de Perrault.

13. — *Alarme* se dit proprement du cri qui appelle aux armes les soldats; par suite, du trouble que peut jeter dans leurs rangs l'approche de l'ennemi, souvent de la guerre en général. C'est une allusion à l'éloge du roi par lequel Perrault termine son poème. Le passage du Rhin, par exemple, est célébré en ces termes :

    Son armée à ses yeux passe un fleuve profond,
    Que César ne passa qu'avec l'aide d'un pont.

Dès les premiers vers, Perrault s'était écrié :

    En quel temps sut-on mieux le dur métier de Mars?

15. — *Dieu*; Perrault dit *la Nature*; voyez p. 56.

18. — *L'effet*, la réalité, par opposition aux *discours*, qui sont *frivoles* étant sans effet.

20. — « On ne saurait en écrivant rencontrer le parfait, et, s'il se peut, surpasser les anciens, que par leur imitation. » (La Bruyère, *Ouvrages de l'esprit.*)

21. — *Sot bétail*; c'est le troupeau servile dont parle Horace (*Épîtres*, I, 19, 19) : « *O imitatores, servum pecus* ». Voyez p. 23 ce que La Fontaine a déjà écrit du « peuple imitateur ». Voyez aussi ce que la Bruyère dit, dans le chapitre des *Ouvrages de l'esprit*, des auteurs nés copistes et de ces esprits subalternes « qui ne semblent faits que pour être le recueil, le registre ou le magasin de toutes les productions des autres génies ».

ÉPITRES

Suivent en vrais moutons le pasteur de Mantoue :
J'en use d'autre sorte, et, me laissant guider,
Souvent à marcher seul j'ose me hasarder.
On me verra toujours pratiquer cet usage.   25
Mon imitation n'est pas un esclavage :
Je ne prends que l'idée, et les tours, et les lois
Que nos maîtres suivaient eux-mêmes autrefois.
Si d'ailleurs quelque endroit, plein chez eux d'excellence,
Peut entrer dans mes vers sans nulle violence,   30

22. — *En vrais moutons*, de Panurge. Voyez plus haut, p. 9, une citation de *Clymène*, où cette comparaison est développée. — Le *pasteur de Mantoue*, Virgile. Le mot de *moutons* entraîne, pour ainsi dire, le mot correspondant de *pasteur*.

23. — *Me laissant guider*, quoique je me laisse guider d'ordinaire... Le vers suivant est noblement fier; il n'étonnera que ceux qui se font une idée fausse ou tout au moins exagérée de la modestie du bonhomme : ses préfaces, prologues et épilogues montrent bien qu'il avait conscience de faire parler aux bêtes « un langage nouveau » et d'ouvrir un nouveau chemin à la poésie.

26. — C'est la théorie de l'imitation originale, fondement de toute la critique au XVII⁰ siècle; elle est ici formulée, non seulement avec une netteté admirable, mais avec une exceptionnelle autorité par un imitateur de génie qui a été aussi et surtout un créateur. « Je prends l'art des anciens comme ils l'eussent pris de moi, si j'eusse été le premier au monde; mais je ne dépends pas servilement de leur esprit, ni ne suis pas né leur sujet pour ne suivre que leur loi et leur exemple ». (Balzac.) « Il ne faut pas croire que le caractère original doive exclure l'art d'imiter. » (Vauvenargues.)

30. — *Sans nulle violence*, voilà la condition même et la règle de l'imitation qui n'est pas servile : elle doit être avant tout naturelle, et s'offrir comme d'elle-même à la main de l'imitateur. Elle n'aura, dès lors, « rien d'affecté ». Dans une épître à Lebrun, André Chénier définit avec éclat et précision l'art du poète qui, par une « couture invisible », unit à son étoffe « une pourpre étrangère », et il multiplie les images :

> Des antiques vergers ces rameaux empruntés
> Croissent sur mon terrain *mollement transplantés.*
> Aux troncs de mon verger ma main avec adresse
> Les attache et bientôt même écorce les presse.
> De ce mélange heureux l'insensible douceur
> Donne à mes fruits nouveaux une antique saveur.

Je l'y transporte, et veux qu'il n'ait rien d'affecté,
Tâchant de rendre mien cet air d'antiquité.
Je vois avec douleur ces routes méprisées :
Art et guides, tout est dans les Champs-Élysées.
J'ai beau les évoquer, j'ai beau vanter leurs traits,   35
On me laisse tout seul admirer leurs attraits.
Térence est dans mes mains; je m'instruis dans Horace;
Homère et son rival sont mes dieux du Parnasse.
Je le dis aux rochers, on veut d'autres discours :
Ne pas louer son siècle est parler à des sourds.   40
Je le loue, et je sais qu'il n'est pas sans mérite ;
Mais, près de ces grands noms, notre gloire est petite :

32. — *De rendre mien*, de m'approprier, de m'assimiler. « Horace ou Despréaux l'a dit avant vous. — Je le crois sur votre parole; mais je l'ai dit *comme mien*. Ne puis-je pas penser après eux une chose vraie, et que d'autres encore penseront après moi? » (La Bruyère, *Ouvrages de l'esprit.*)

33. — Cette douleur est touchante dans sa candeur. Sous la plume d'un autre, un tel mot paraîtrait forcé; mais dans le camp des partisans de l'antiquité chacun a son accent différent : La Fontaine se plaint, Boileau s'irrite, Racine se moque, La Bruyère aiguise son ironie, Huet disserte.

34. — C'est-à-dire : chez les morts. *Tout*, c'est vraiment trop dire. Perrault aura beau jeu à railler ces exagérations dans son *Parallèle*. De même, deux vers plus bas, *tout seul* ne laisse pas d'étonner : si le distrait La Fontaine regardait autour de lui, il verrait que les admirateurs de l'antiquité ne manquent pas, et que plusieurs sont parmi les plus habiles d'entre les modernes. Que dut penser Huet lui-même de ce *tout seul* désolé?

38. — Le rival d'Homère, c'est Virgile, comme l'indique une note de La Fontaine. On entrevoit que La Fontaine ne se rend pas un compte exact des différences si profondes qui séparent Virgile d'Homère, si tant est qu'Homère soit le nom d'un poète unique. En général, ses « dieux » sont plutôt des poètes élégants et fins, comme Térence, si estimé de Montaigne parce qu'il sentait « son gentilhomme », et vanté encore par Diderot; ou comme Horace, l'épicurien délicat. Ce seront aussi les « dieux » de Fénelon.

39. — *Aux rochers*, comme, plus bas, *à des sourds*. Saint-Simon dit aussi : « Je parlais aux rochers », c'est-à-dire à des personnes qui ne voulaient pas se laisser persuader, ni même m'entendre.

42. — Dit par La Fontaine, cela est très fort contre la thèse des

Tel de nous, dépourvu de leur solidité,
N'a qu'un peu d'agrément, sans nul fonds de beauté.
Je ne nomme personne : on peut tous nous connaître.   45
Je pris certain auteur autrefois pour mon maître :
Il pensa me gâter; à la fin grâce aux dieux,

modernes, car les écrivains précisément qu'ils eussent pu opposer aux anciens, protestaient que les anciens étaient fort supérieurs, et les partisans des modernes étaient réduits, comme l'a dit La Bruyère, à tirer les exemples de leurs propres ouvrages, qui étaient médiocres.

44. — Ces deux antithèses, *agrément*, *beauté*, *un peu*, *fonds*, se complètent l'une l'autre. On n'a pas la vraie beauté pour avoir l'agrément, c'est-à-dire l'apparence agréable et séduisante des choses, car la beauté est vérité ; l'idée de perfection en est inséparable. *Un peu* d'agrément, extérieur et passager, n'est donc rien auprès de ce *fonds* solide et durable. Appliquée aux anciens et aux modernes de second ordre, cette opposition est très juste. L'est-elle autant appliquée à Pascal et à Corneille, à Bossuet et à Racine? La Fontaine, il est vrai, dit prudemment *tel de nous*, et ne nomme personne, bien que les exemples ne lui eussent pas manqué, même parmi ses confrères de l'Académie.

46. — Dans la préface de la seconde partie des *Contes* (1666-1667), il cite les œuvres de Voiture, qui « fait revivre le caractère de Marot ». Longtemps après, en 1690, La Fontaine écrit à Saint-Evremond :

> J'ai profité dans Voiture,
> Et Marot, par sa lecture,
> M'a fort aidé, j'en conviens.

Voiture était fort estimé dans son entourage : son ami Maucroix observe que « les anciens n'avaient pas trouvé l'enjouement de Voiture, cette ingénieuse manière de badiner qui, pour l'ordinaire, consiste à dire les choses d'une certaine façon, les entendant d'une autre ». Il ne faut pas oublier que le talent de La Fontaine a ses origines dans un âge antérieur au règne personnel de Louis XIV. Ce talent ne devint génie qu'en échappant peu à peu aux influences de la mode. Voilà pourquoi Voiture a failli le « gâter », car il y avait du Voiture dans les premiers essais poétiques du protégé de Fouquet.

47. — *Grâce aux dieux*, cela est tout antique, et n'étonne pas dans une épître toute à l'honneur des anciens. Lui-même, le docte évêque d'Avranches a dû trouver tout simple qu'on invoquât les dieux auxquels il avait voué un culte littéraire. — La Fontaine écrit en note, au bas de ce passage : « Quelques auteurs de ce temps-là

Horace, par bonheur, me dessilla les yeux.
L'auteur avait du bon, du meilleur, et la France
Estimait dans ses vers le tour et la cadence.   50
Qui ne les eût prisés? j'en demeurai ravi ;
Mais ses traits ont perdu quiconque l'a suivi.
Son trop d'esprit s'épand en trop de belles choses :
Tous métaux y sont or, toutes fleurs y sont roses.

affectaient les antithèses, et ces sortes de pensées qu'on appelle *concetti*. Cela a suivi immédiatement Malherbe. »

48. — *Dessiller les yeux* (*déciller*, de *cil*), c'était ouvrir les yeux du faucon, en séparant ses paupières cousues par le fauconnier qui le domptait; par extension, c'est ouvrir les yeux de quelqu'un à la lumière. Horace rendit ce service à La Fontaine, qui avait trop de goût pour ne pas comprendre à quel point l'esprit du familier de Mécène l'emportait sur le *bel* esprit du familier de Mme de Rambouillet. Boileau pourtant, dans sa satire IX (1667), a cru pouvoir associer ces deux noms comme ceux de deux modèles excellents : « A moins d'être au rang d'Horace et de Voiture.... » — « Horace ! dit Sainte-Beuve; il faut courir vite sur ce nom, quand on parle de Voiture, de peur d'être trop sévère à celui-ci... Voiture n'avait d'Horace ni la justesse morale, ni l'élévation, ni le noble souci de l'immortalité, rien de solide, ni même cette libéralité d'âme qui achève le goût... »

50. — La Fontaine n'exagère rien : « la France » entière a fort admiré Voiture. On a vu le jugement du sévère Boileau. Mme de Sévigné se récriait quand on comparait ses lettres à celles de Voiture; Fléchier l'a loué; Condé lui est resté obstinément fidèle. Vers la fin du siècle, au temps de La Bruyère, sa gloire avait beaucoup vieilli. Mais Perrault dit encore dans son *Parallèle* : « Voiture ne s'est formé sur personne : c'est un original s'il y en eut jamais. Combien y a-t-il de choses dans ce qu'il a fait, qui n'ont point de modèle ailleurs, et qu'il a néanmoins portées d'abord à leur dernière perfection !... On préférera toujours au style trop soutenu de Pline *l'air naturel et aisé* de Voiture qui plaît partout, *sans qu'il paraisse qu'il y songe.* »

53. — Boileau, La Bruyère, Fénelon, Buffon condamneront plus sévèrement que La Fontaine les écrivains qui abusent de l'esprit et des faux brillants.

54. — « Vers de Malherbe » (Note de La Fontaine). Voici le vers exact de Malherbe, que La Fontaine modifie :

La terre en tous endroits produira toutes choses :
Tous métaux seront or, toutes fleurs seront roses.
(*Ballet de Madame, princesse d'Espagne. — Récit d'un berger.*)

On me dit là-dessus : De quoi vous plaignez-vous ?   55
De quoi ? Voilà mes gens aussitôt en courroux ;
Ils se moquent de moi, qui, plein de ma lecture,
Vais partout prêchant l'art de la simple nature.
Ennemi de ma gloire et de mon propre bien,
Malheureux, je m'attache à ce goût ancien.   60
Qu'a-t-il sur nous, dit-on, soit en vers, soit en prose ?
L'antiquité des noms ne fait rien à la chose,
L'autorité non plus, ni tout Quintilien.

C'est sur le même ton que Philaminte et Armande louent Trissotin.

PHILAMINTE
On n'y saurait marcher que sur de belles choses.

ARMANDE
Ce sont petits chemins tout parsemés de roses.

58. — C'est parce qu'il est « plein de sa lecture » qu'il va « partout » vantant les beautés qu'il y a trouvées. « Avez-vous lu Baruch ? » disait-il à tous ses amis, après avoir découvert les écrits attribués à ce petit prophète. On se moque autour de lui de cet enthousiasme exubérant, dont on est « étourdi », comme il l'avouera plus loin. Mais cet enthousiasme n'est pas de commande, car il a toujours prêché « l'art de la simple nature », l'art si parfait qu'il se confond avec « le simple naturel », selon l'expression de Pascal. La « nature », c'est le mot favori des grands écrivains du xvii° siècle ; mais Boileau ne l'entend pas tout à fait comme La Fontaine, ni Fénelon comme Boileau. En 1661, La Fontaine disait de Molière, auteur des *Fâcheux* :

> Et maintenant il ne faut pas
> Quitter la nature d'un pas.

59. — Ce vers et le précédent sont légèrement ironiques : Perrault et ses amis plaignaient et raillaient ces « malheureux », assez ennemis de leur propre gloire pour s'effacer derrière les anciens.

61. — *Sur nous*, au-dessus de nous, de plus que nous ; en quoi ce goût ancien est-il préférable au goût moderne ?

63. — Dans le *Parallèle* de Perrault, le président, partisan obstiné des anciens, s'appuiera sur Quintilien, « homme d'un si grand sens dans ces matières, qu'il n'est pas possible de se tromper en le suivant ». L'abbé, partisan des modernes, opposera Cicéron à Quintilien, l'orateur au rhéteur et au pédagogue « obligé par sa

Confus à ces propos, j'écoute, et ne dis rien.
J'avouerai cependant qu'entre ceux qui les tiennent 65
J'en vois dont les écrits sont beaux et se soutiennent :
Je les prise, et prétends qu'ils me laissent aussi
Révérer les héros du livre que voici.
Recevez leur tribut des mains de Toscanelle.
Ne vous étonnez pas qu'il donne pour modèle 70
A des ultramontains un auteur sans brillants.
Tout peuple peut avoir du goût et du bon sens :
Ils sont de tout pays, du fond de l'Amérique;

profession de faire valoir les anciens, et d'imprimer dans les esprits de ses écoliers un profond respect pour les auteurs qu'il leur proposait comme modèles ».

64. — On pense bien que cette confusion ne va pas sans un sourire, et que ce silence est gros de protestations.

66. — Concession, habile d'ailleurs, du bonhomme qui ne saurait soutenir longtemps le ton sévère. A qui fait-il allusion? A Perrault? à Thomas Corneille? à Fontenelle? Ici, ceux qu'il nommerait lui pardonneraient de les nommer; c'est peut-être pour cela qu'il se garde de préciser.

67. — *Et prétends*; *et* marque là une opposition tout aussi caractérisée que si La Fontaine avait écrit : mais aussi je prétends....

71. — Ces *ultramontains*, habitants d'au delà des monts, sont ces Italiens qui aimaient les *faux* brillants, les *concetti*.

> Évitons cet excès : laissons à l'Italie
> De tous ces faux brillants l'éclatante folie.
> (Boileau, *Art poét.*, I.)

72. — « La prévention du pays, jointe à l'orgueil de la nation, nous fait oublier que la raison est de tous les climats, et que l'on pense juste partout où il y a des hommes. » (La Bruyère, *des Jugements*.) Cette prévention n'était pas dissipée au temps de Montesquieu, qui s'en égaie : « Comment peut-on être Persan? »

73. — Ce vers manque de netteté, si bien que l'édition posthume donne ce texte absurde :

> Ils sont tous d'un pays du fond de l'Amérique.

La Fontaine veut dire : Le goût et le bon sens sont de tout pays, et, par conséquent, peuvent être même « du fond de l'Amérique », c'est-à-dire peuvent appartenir même aux peuples qui habitent le fond de l'Amérique.

ÉPITRES

Qu'on y mène un rhéteur habile et bon critique,
Il fera des savants. Hélas! qui sait encor   75
Si la science à l'homme est un si grand trésor?
Je chéris l'Arioste, et j'estime le Tasse ;
Plein de Machiavel, entêté de Boccace,

74. — Qu'on y mène des savants, ils feront des savants comme eux, puisqu'ils trouveront là comme partout des hommes de goût et de sens. Mais quelle idée de mener un critique et un rhéteur au fond de l'Amérique pour en éclairer les peuplades sauvages! La Fontaine, sans doute, sent ce qu'il y a de singulier dans son raisonnement, car il se hâte de se demander si cette science leur serait bien utile, si même la science en général n'est pas plus nuisible qu'utile à l'homme. Ceci est bien de lui, du doux épicurien et du rêveur à qui la science devait sembler bien pesante. Il y a une nuance de mélancolie dans ce vers qui touche à une grave question morale; mais le moraliste à l'âme légère se hâte de l'abandonner après l'avoir effleurée. Il a écrit au chant I de son poème du *Quinquina*, après avoir peint le bonheur des Iroquois :

> Pour nous, fils du savoir, ou, pour en parler mieux,
> Esclaves de ce don que nous ont fait les dieux,
> Nous nous sommes prescrit une étude infinie :
> L'art est long, et trop courts les termes de la vie.

77. — L'Arioste (Ludovico Ariosto, 1474-1533), auteur du *Roland furieux*, est un conteur plus qu'un poète épique. La Fontaine était fait pour l'aimer, et s'est souvenu plusieurs fois de lui dans ses *Contes*. A propos d'un de ces contes, *Joconde*, Boileau, dès 1664, dans une dissertation en règle, établissait que La Fontaine n'était pas inférieur à l'Arioste. — Le Tasse (Torquato Tasso, 1544-1595) est l'auteur célèbre et infortuné de *la Jérusalem délivrée*, dont Boileau, dans la satire IX, opposait « le clinquant » à « l'or » de Virgile, et dont il critique le merveilleux au chant III de l'*Art poétique*. On remarquera une nuance : La Fontaine *chérit* l'Arioste et *estime* le Tasse.

78. — Machiavel (1469-1530) est le fameux auteur du *Prince* ; mais il est probable que de son œuvre La Fontaine avait surtout approfondi les comédies et les nouvelles. — *Entêté* indique l'idée d'une prévention favorable, d'une idée préconçue qu'on s'est mise dans la tête; le sens d'*obstiné* dérive de ce premier sens. Au reste, tous deux seraient vrais des admirations de La Fontaine. — Boccace (1313-1375), le plus grand prosateur de l'Italie, a écrit le *Décaméron*, recueil de cent nouvelles, où La Fontaine a beaucoup puisé. Il fut aussi, avec son ami Pétrarque, un de ceux qui contribuèrent

J'en parle si souvent qu'on en est étourdi.
J'en lis qui sont du Nord, et qui sont du Midi.   80
Non qu'il ne faille un choix dans leurs plus beaux ouvrages.
Quand notre siècle aurait ses savants et ses sages,
En trouverai-je un seul approchant de Platon?
La Grèce en fourmillait dans son moindre canton.
La France a la satire et le double théâtre;   85

le plus à retrouver et à répandre les livres des anciens. La Fontaine, qui volontiers quitte Esope pour Boccace, a dit dans la ballade VII :

> A Rome on ne lit point Boccace sans dispense ;
> Je trouve en ses pareils bien du contre et du pour.

C'était le « pour » qui dominait à ses yeux.

79. — Voyez la note du vers 58.

81. — Cette restriction était nécessaire, car la passion de La Fontaine pour la lecture allait paraître plus chaleureuse que discrète. Le sage Rollin voyait un danger dans le goût déréglé pour la lecture, car « on songe plus à lire beaucoup qu'à lire utilement ».

83. — Dès le début de son poème du *Siècle de Louis le Grand*, Perrault s'attaquait à Platon, en louant, il est vrai, son traducteur, Maucroix, l'intime ami de La Fontaine :

> Platon, qui fut divin du temps de nos aïeux,
> Commence à devenir quelquefois ennuyeux :
> En vain son traducteur, partisan de l'antique,
> En conserve la grâce et tout le sel attique,
> Du lecteur le plus âpre et le plus résolu
> Un dialogue entier ne saurait être lu.

Dans le *Parallèle*, il y reviendra : « Platon est un génie très vaste, et qui souvent a des saillies admirables, au delà, ce semble, des forces de l'esprit humain, mais diffus en paroles, inégal, sans ordre et sans méthode ». Il opposera et préférera à ses dialogues nos *Lettres provinciales*. — Sur le goût de La Fontaine pour Platon, voyez la note du v. 68 du *Discours à Mme de la Sablière*. Dans le morceau *Sur les Dialogues de Platon*, publié en tête des *Ouvrages de prose et de poésie des sieurs de Maucroix et de La Fontaine* (1685), La Fontaine avait vanté les « excellentes comédies » de Platon, « père de l'ironie », ses « grâces infinies », son style « élégant et noble, et qui tient en quelque façon de la poésie ».

84. — *Dans son moindre canton*, dans ses coins les plus reculés : « Que l'homme se regarde comme égaré dans ce *canton* détourné de la nature. » (Pascal, *Pensées*.)

85. — La satire, c'est Boileau, à qui La Fontaine ne garde pas ran-

Des bergères d'Urfé chacun est idolâtre :
On nous promet l'histoire, et c'est un beau projet.
J'attends beaucoup de l'art, beaucoup plus du sujet.
Il est riche, il est vaste, il est plein de noblesse ;
Il me ferait trembler pour Rome et pour la Grèce.   90
Quant aux autre talents, l'ode, qui baisse un peu,
Veut de la patience, et nos gens ont du feu.
Malherbe avec Racan, parmi les chœurs des anges,

cune d'avoir oublié la fable dans l'*Art poétique*. Le double théâtre, c'est la tragédie et la comédie, Corneille, Molière et Racine.

86. — La réputation d'Honoré d'Urfé, l'auteur de l'*Astrée*, fut universelle, et le xviii° siècle la trouva encore debout : l'abbé Prévost et J.-J. Rousseau prennent plaisir à le lire, comme l'avaient fait La Fontaine, Mme de Sévigné, Huet lui-même. Mais dire que « chacun » idolâtre d'Urfé au moment où ceci est écrit, c'est un peu oublier que Boileau est venu, que « la satire et le double théâtre » ont mûri le goût du public. — Dans sa septième ballade La Fontaine a loué l'*Astrée*, cette œuvre « exquise » d'Honoré d'Urfé :

Étant petit garçon, je lisais son roman,
Et je le lis encore ayant la barbe grise.

87. — Allusion probable au choix de Racine et de Boileau (1677) comme historiographes de France pour succéder à Pellisson. Cette promesse ne fut pas tenue, et ce « beau projet » avorta.

91. — *Un peu*, ce n'est pas assez dire : le xvii° siècle n'avait plus de Ronsard ni de Malherbe : la vraie poésie lyrique de ce temps, c'est dans *Polyeucte* et dans *Athalie* qu'il la faut chercher. Boileau pourtant ne pouvait s'offenser de cette critique ou plutôt de ce regret échappé au fabuliste : c'est seulement quelques années après qu'il publia son ode malencontreuse sur la prise de Namur, provoquée par les attaques irrévérencieuses de Perrault contre Pindare. — Dans la préface du *Songe de Vaux*, La Fontaine observe avec regret que la poésie lyrique n'est plus en vogue.

92. — *La patience* érigée en condition essentielle du génie lyrique! C'est la même illusion qui dicte à Boileau son vers fameux sur le « beau désordre,... effet de l'art », et son *Discours sur l'ode*, celui-ci postérieur à l'Epître de La Fontaine.

93. — Racan, principal disciple de Malherbe, dont il diffère pourtant beaucoup, lui est souvent associé, et par La Fontaine (voyez *le Meunier, son fils et l'âne*), et par Boileau (*Satire* IX et *Art poétique*, I) qui va jusqu'à associer aussi le nom de Racan au nom d'Homère. Sainte-Beuve, qui compare les *Stances* de Racan sur la Retraite au

Là-haut de l'Éternel célébrant les louanges,
Ont emporté leur lyre ; et j'espère qu'un jour   95
J'entendrai leur concert au céleste séjour.
Digne et savant prélat, vos soins et vos lumières
Me feront renoncer à mes erreurs premières :
Comme vous, je dirai l'auteur de l'univers.
Cependant agréez mon rhéteur et mes vers.   100

Songe d'un habitant du Mogol, a bien caractérisé Racan, « heureux et facile génie, et en poésie comme en distraction un vrai précurseur de La Fontaine ». Voyez la p. 22. — *Les chœurs des anges* peuvent étonner ici ; mais Malherbe et Racan ont tous deux paraphrasé des psaumes, et la Fontaine lui-même paraphrasera le *Dies iræ*.

96. — Espoir un peu vague, mais ingénument sincère ; l'auteur des *Contes*, pas plus que sa garde-malade, ne s'imaginera jamais qu'il puisse être damné.

98. — Ces *erreurs*, La Fontaine en a parlé avec charme dans le *Discours à M*^{me} *de la Sablière*. Les soins de l'évêque d'Avranches obtiendront-ils un meilleur résultat que les remontrances d'une protectrice aimée et respectée ? Il est permis d'en douter, et de dire au docte prélat, comme Philinte à Alceste :

Si vous faites cela, vous ne ferez pas peu.

A LA MÊME LIBRAIRIE

CLASSIQUES FRANÇAIS

BOILEAU : Œuvres poétiques (Travers). in-12, cart. 1 50
— Œuvres classiques (Pellissier) In-12, cart. 2 50
— Art poétique (Pellissier) .... 1 »
BOSSUET : Discours sur l'histoire universelle (Delachapelle). In-12, cart. 2 50
— Le même ouvrage. 3ᵉ partie : Les Empires (Gazeau). In-12, cart. 1 25
— Sermons choisis (Brunetière). In-12, broché. .... 2 »
— Sermons sur l'honneur du Monde et sur la mort (Brunetière). In-12, cart. 1 »
— Oraisons funèbres (Didier). In-12, cart. 1 60
— Œuvres philosophiques (Brisbarre). In-12 broché. 3 50
— Traité de la Connaissance de Dieu et de soi-même (Brisbarre) In-12, broch. 1 60
— Chefs-d'Œuvre oratoires (D. Bertrand). In-12, cart. .... 3 »
BOURDALOUE : Morceaux choisis (Hatzfeld). In-12, cart. 1 80
BUFFON : Morceaux choisis (Hémardinquer). in-12, cartonné. 1 50
— Œuvres choisies (Hémon). In-12, car. 2 75
— Discours sur le style (Hémardinquer). In-12, cart. .... » 30
— Le même ouvrage (Hémon). In-12, car. » 50
CHATEAUBRIAND : Les Martyrs, livre VI (Pellissier). In-12, cart. .... » 75
CHENIER : Poésies choisies (Becq de Fouquières). In-12, cart. ....
CONDILLAC : Traité des Sensations (Picavet). In-12, cart. 2 50
CORNEILLE : Le Cid. In-12, cart. 1 50
Cinna, Horace, Pompée, Polyeucte, Rodogune, Le Menteur Nicomède) (édit. Hémon), Sertorius (Heinrich). Chaque vol. in-12, cart. .... 1 »
— Théâtre (Hémon). 4 vol. brochés. ......
Reliés et dans un étui. .... 16 »
DESCARTES : Discours de la Méthode (Rabier), suivi d'études critiques in-12, broché. .... 2 »
— Première Méditation (Rabier). In-12, broché. .... » 25
— Principes de la Philosophie (Liard). In-12, cart. 1 50
DIDEROT : Morceaux choisis (Fallex). In-12, cart. 2 75
FÉNELON : Dialogue des Morts (Galuski.) In-12, cart. 1 60
— Dialogue sur l'Éloquence (Despois). In-12, cart. .... » 80
— Lettres sur les occupations de l'Académie (Despois). In-12, cart. .... » 80
— Fables (Michel). In-18, cart. .... » 60
— Morceaux choisis (Didier). In-18. 1 75
— Les Aventures de Télémaque (Colincamp). in-12, cart. 1 80
— Les Aventures de Télémaque livres V, VII, X, XII (Colincamp). In-12, cart. ..... » 75
— Traité de l'existence de Dieu (Jeannel). In-12, broché. ....
— Sermon pour l'Épiphanie (Hatzfeld). In-12, cart. .... » 60
— Traité de l'Éducation des filles (Rousselot). In-12, broché. ....

FLECHIER : Oraisons funèbres (Didier). In-12, cart. 1 50
FONTENELLE : Choix d'éloges (Janet) in-12, cart. 2 50
LA BRUYÈRE : Les Caractères (Hémardinquer). in-12, cart. 2 80
— On vend séparément : Des ouvrages de l'esprit. .... » 40
— Du mérite personnel et des biens de fortune. .... » 40
LA FONTAINE : Fables (Colincamp). In-12, cartonné. 1 60
LEIBNITZ : Nouveaux Essais sur l'entendement humain (Boutroux). in-12, cart. 2 50
LOGIQUE de PORT-ROYAL (Charles). In-12, broché. .... 3 »
MALEBRANCHE : De l'Imagination (G. Lyon). in-12, cart. .... 2 »
MASSILLON : Morceaux choisis (Hignard). In-12, cart. .... 2 »
MOLIÈRE : L'Avare, Le Bourgeois gentilhomme, Les Femmes savantes, Le Misanthrope, Tartufe, Les Précieuses Ridicules (Pellisson). Chaque vol. in-12, car. 1 »
MONTAIGNE : Extraits (Petit de Julleville). in-12, cartonné. 2 50
— De l'institution des enfants (Rémon). in-12, cartonné. .... 1 »
MONTESQUIEU : Grandeur et Décadence des Romains (Dézobry). in-12, cart. 1 50
— Le même Petit de Julleville). in-12 car. 1 50
— Esprit des Lois, livres I à V (Janet). in-12, cartonné. .... 2 »
PASCAL (Édition Havet) : Opuscules philosophiques. .... » 75
— Pensées, in-12, toile. 3 50
— Le même ouvrage, 2 vol. in-8, br. 8 »
— Pensées, art. I et II. in-12, cartonné » 60
— Provinciales. 2 vol. in-8. .... 7 50
— Le même ouvrage, 2 vol. in-12 broché. 5 »
— Provinciales, I, IV, XIII. 1 50
— Provinciales, I, V, XIV. 1 80
— XI Provinciale, in-12, cart. .... » 60
— Entretien avec M. de Saci (Guyau). in-12, broché. .... 1 »
— Le même ouvrage, avec extraits. in-12, b. 3 50
RACINE : Andromaque, Athalie, Esther, Britannicus, Iphigénie, Mithridate, Plaideurs, Phèdre (édit. Bernardin) chaque vol. in-12, cartonné. .... 1 »
— Théâtre complet (Bernardin). 4 volumes in-12, brochés. .... 12 »
Reliés et dans un étui. .... 16 »
ROUSSEAU (J.-B) : Œuvres lyriques, (Manuel). in-12, cartonné. 1 50
ROUSSEAU (J.-J) : Morceaux choisis (Fallex). in-12, cartonné. 2 75
SÉVIGNÉ : Lettres choisies (Marcou), in-12, cartonné. 1 25
VOLTAIRE : Charles XII (Geffroy) in-12, cartonné. 1 60
— Mérope, in-18, cartonné. .... » 40
— Siècle de Louis XIV (Dauran). in-12, cartonné. 2 75
— Lettres choisies (Fallex). in-12 cart. 2 75
— Extraits en prose (Fallex). in-12, cartonné. .... 3 »
— Le Voltaire des Écoles (Lavigne et X***). in-12, cart. 1 50

www.ingramcontent.com/pod-product-compliance
Lightning Source LLC
LaVergne TN
LVHW051504090426
835512LV00010B/2343